Décret concernant les Contrefacteurs, rendu le 19 juillet 1793, l'an 2 de la république.

La Convention nationale, après avoir entendu le rapport de son comité d'instruction publique, décrète ce qui suit :

Art. I. Les auteurs d'écrits en tout genre, les compositeurs de musique, les peintres et dessinateurs qui feront graver des tableaux ou desseins, jouiront, durant leur vie entière, du droit exclusif de vendre, faire vendre, distribuer leurs ouvrages dans le territoire de la république, et d'en céder la propriété en tout ou en partie.

II. Leurs héritiers ou cessionnaires jouiront du même droit, durant l'espace de dix ans, après la mort des auteurs.

III. Les officiers de paix, juges de paix ou commissaires de police, seront tenus de faire confisquer, à la réquisition et au profit des auteurs, compositeurs, peintres ou dessinateurs et autres, leurs héritiers ou cessionnaires, tous les exemplaires des éditions imprimées ou gravées, sans la permission formelle et par écrit des auteurs.

IV. Tout contrefacteur sera tenu de payer au véritable propriétaire une somme équivalente au prix de trois mille exemplaires de l'édition originale.

V. Tout débitant d'édition contrefaite, s'il n'est pas reconnu contrefacteur, sera tenu de payer au véritable propriétaire une somme équivalente au prix de cinq cents exemplaires de l'édition originale.

VI. Tout citoyen qui mettra au jour un ouvrage, soit de littérature ou de gravure, dans quelque genre que ce soit, sera obligé d'en déposer deux exemplaires à la Bibliothèque nationale ou au Cabinet des estampes de la république, dont il recevra un reçu signé par le bibliothécaire ; faute de quoi, il ne pourra être admis en justice pour la poursuite des contrefacteurs.

VII. Les héritiers de l'auteur d'un ouvrage de littérature ou de gravure, ou de toute autre production de l'esprit ou du génie qui appartiennent aux beaux-arts, en auront la propriété exclusive pendant dix années.

Nota. Tous les exemplaires de cet ouvrage seront signés par le libraire.

Desenne

HISTOIRE,

OU

ANECDOTES

SUR

LA RÊVOLUTION DE RUSSIE,

EN L'ANNÉE 1762.

par Rulhière

HISTOIRE,

OU

ANECDOTES

SUR

LA RÉVOLUTION DE RUSSIE;

EN L'ANNÉE 1762.

A PARIS,

Chez DESENNE, Imprimeur-Libraire, au Jardin Egalité, nos. 1 et 2.

An V de la Rép. 1797.

Nota. On a eu soin d'écrire les noms russes tels qu'ils se prononcent.

NOTE DE L'ÉDITEUR.

Monsieur Rulhière était à Pétersbourg, lors des événemens qui placèrent Catherine Seconde sur le trône de Russie; il en écrivit l'histoire, à la sollicitation de madame la comtesse d'Egmont, fille du maréchal de Richelieu, qu'il avait accompagné dans son gouvernement, en qualité de gentilhomme. Peu de temps après son retour à Paris, son manuscrit, dont il avait fait lecture dans quelques sociétés, acquit quelque réputation. On parlait encore des événemens qui s'étaient passés en Russie, et chacun, suivant l'usage, les racontait à sa manière. La cour, intéressée à connaître avec détails et vérité, les intrigues qui avaient placé Catherine sur le trône de son mari, voulut aussi en entendre la lecture.

L'impératrice ne tarda pas à en avoir connaissance ; elle donna ordre à ses agens, à Paris, d'employer tous les moyens possibles pour faire disparaître cet ouvrage ; ils firent à l'auteur des offres pécuniaires assez considérables, qui furent refusées. Ne pouvant réussir, ils voulurent employer l'autorité. On s'adressa à M. le duc d'Aiguillon, alors ministre. M. de Sartines, lieutenant de police, fit venir chez lui M. Rulhière ; il lui signifia qu'il avait ordre de lui demander son manuscrit ; il chercha à l'intimider, par la menace de la bastille. Mais celui-ci, qui avait résisté aux moyens de corruption, ne fut pas intimidé par de pareilles menaces. Il répondit au lieutenant de police, qu'on pouvait le mettre à la bastille, lui arracher même son manuscrit, mais que ce serait une peine inutile, parce qu'il le portait écrit dans sa mémoire.

Ces menaces n'eurent aucune suite. Monsieur, frère du roi, en ayant été informé, prit l'Auteur sous sa protection, le nomma secrétaire de ses commandemens, et peu de temps après, il lui fit obtenir la place d'historiographe des affaires étrangères, avec l'ordre d'écrire l'histoire de l'anarchie de Pologne, et la permission de puiser dans les dépôts des affaires étrangères, tous les matériaux dont il pourrait avoir besoin. M. le duc de Choiseul l'envoya même résider quelques temps dans ce pays,

Les agens de l'impératrice réitérèrent leurs tentatives ; ils lui offrirent même trente mille francs, s'il voulait supprimer quelques traits dont la publicité pouvait nuire à la réputation de leur souveraine ; il les refusa, en leur donnant sa parole d'honneur que cet ouvrage ne serait jamais imprimé du vivant de l'impératrice.

M. de Montmorin, à la mort de M. Rulhière, en 1791, engagea son frère à voir M. Grim, chargé à Paris des affaires secrètes de l'impératrice, en l'assurant qu'il tirerait de ce manuscrit un parti fort avantageux : il fut fidèle à remplir les intentions de son frère; et, quoique les papiers publics aient annoncé plusieurs fois qu'on allait faire paraître une Histoire de la Révolution de Russie, les héritiers ont attendu la mort de l'impératrice, pour disposer du manuscrit dont ils étaient dépositaires.

PRÉFACE

OU

ÉPITRE DÉDICATOIRE,

A Madame la Comtesse d'EGMONT, la jeune, Duchesse de Gueldres, etc.

MADAME,

Cet ouvrage vous appartient : j'avais, il est vrai, employé tous mes soins à démêler les plus secrètes intrigues de l'événement que j'y raconte; mais je ne songeais point à en écrire l'histoire : votre seule volonté m'y a déterminé; et dans le style même dont j'ai fait choix, n'ayant point eu de modèle, c'est votre goût que j'ai suivi.

En vous racontant et à M. le comte d'Egmont, au retour de mes voyages, la révolution arrivée à Pétersbourg, en 1762, j'étais enhardi par cette gaieté si naturelle et si heureuse qui ne vous abandonne presque jamais, à faire entrer dans le récit d'un événement terrible toutes les circonstances, quelquefois plaisantes, relatives aux mœurs de la nation russe; et je sentis alors que ce rapport, avec ces mœurs, était le vrai point de vue sous lequel il fallait envisager cet événement. Les fréquentes questions que vous me faisiez l'un et l'autre, dirigeaient, pour ainsi dire, mon récit, et me forçaient à mêler de l'indulgence et du badinage à des narrations plus importantes et plus sévères. Tel est, en effet, le genre de cette histoire, où vous avez voulu que je conservasse l'esprit et le ton même que cette conversation avait donnés à mon récit.

Peut-être, en effet, qu'un événement si étrange exigeait un genre singulier de narration. L'importance des différens intérêts, puisqu'il s'agit ici d'un Empire, la singularité de l'action, l'horreur de la catastrophe, le nom de Catherine IIe donnent, il est vrai, à cette révolution, de la grandeur et de la célébrité; mais la frivolité des intrigues qui en ont été les ressorts, la licence des mœurs russes, et les puérilités qui ont perdu le malheureux empereur Pierre III, ne pouvaient être racontées d'un style sérieux et soutenu : les représenter par des traits généraux, comme ce style l'aurait exigé, c'eût été s'exposer à perdre toute croyance: la nécessité de les peindre en détail, et pour ainsi-dire, de leur couleur propre, aurait forcé l'auteur le plus grave, à descendre au ton des mémoires les plus familiers ; et en racontant ces risibles anecdotes, s'il n'avait pas quelquefois paru en rire le premier , sa gravité l'aurait rendu lui-même ridicule.

Quelques censeurs pourront me reprocher de n'avoir prononcé nulle part, dans un récit de cette nature, les noms de vertu ou de crime, de n'y avoir donné, à aucune action principale, aucune épithète qui servît à la faire regarder comme bonne ou comme mauvaise. Je n'ai songé qu'à peindre ; mais cette manière qui produit chez les poëtes de si heureux effets, ne suffit pas chez les historiens. Celui qui veut transmettre à la postérité, la mémoire du bien et du mal qu'il a vus dans son siècle, ne doit pas se fier uniquement à l'impression qu'un simple récit fera sur l'esprit de ses lecteurs. Ce ne sont point les sentimens d'admiration, d'intérêt ou de pitié, qu'il faut consulter pour juger toutes les actions humaines; une certaine grandeur se trouve quelquefois mêlée à des actions vicieuses. On peut porter du génie dans le crime, de l'agrément dans les faiblesses, de l'héroïsme dans de fatales imprudences. Il est trop vrai que, dans de pareilles suppositions, le sentiment serait un juge très-infidèle; et c'est en général la source de tant de jugemens défectueux, que le commun des lecteurs ne cesse de porter dans la lecture de l'histoire. Mais dans le récit d'une révolution toute récente, il était essentiel de n'inspirer aucune défiance à mes lecteurs. Une épithète plus ou moins rigoureuse, m'aurait rendu suspect de partialité. D'ailleurs, quand je vous racontai, pour la première fois, cette longue suite d'anecdotes, liées nécessairement entre elles, par le rapport qu'elles ont au même événement, j'étais attentif à vous les exposer dans leur véritable jour, sans prévenir votre opinion. Mais j'étudiais avec plus d'attention encore, tous les mouvemens racontés avec un sentiment d'enthousiasme, les faiblesses avec indulgence, les crimes avec horreur, et les vices avec quelques traits de ridicule.

Un des meilleurs préceptes que nous ayons reçus d'un excellent maître dans l'art d'écrire, est celui de nous persuader à nous-mêmes que nous aurons pour lecteurs et pour juges les plus grands hommes qui se soient immortalisés par leur génie; de nous figurer, en tenant la plume, que nous sommes en leur présence; de nous demander que dirait Platon, que dirait Tacite, s'ils entendaient lire cet ouvrage? J'avoue qu'au lieu de me représenter ces grands hommes, en écrivant cette histoire pour vous seule, c'est en votre présence que je croyais l'écrire. Je suivais ainsi d'une manière moins sévère le véritable esprit de ce précepte. Mais puisque je me suis imposé pour règle, dans toute cette relation, de peindre et de ne point juger, permettez-moi, madame, de vous développer ici mon opinion générale sur les mœurs que j'ai peintes.

On ne connaît sur la terre aucune puissance plus absolue que celle des souverains de Russie : dans tout leur empire, leur volonté est l'unique loi; l'obéissance est la seule morale. On verra cependant ici leur misérable condition, et comment leur puissance, en passant toutes les bornes prescrites aux hommes, s'est ruinée elle-même, et se trouve bien plus malheureusement bornée de toutes parts, puisqu'elle est obligée d'obéir aux instrumens qu'elle emploie, aux milices, à la superstition, aux préjugés publics. C'est donc par un véritable aveuglement que la plupart des princes s'occupent à se forger de pareilles chaînes : ils oublient qu'en cessant de respecter les volontés d'un peuple libre, il leur faudra tôt ou tard obéir aux caprices d'un vulgaire imbécille.

Quelques traits d'habileté et de courage qu'on trouvera dans cette histoire, ne doivent pas faire illusion ; et si quelques-uns de mes lecteurs ont pris de l'estime pour une nation où il se rencontre de tels hommes, je les prie d'observer que ce qu'ils admirent, tient à l'habitude des conjurations, à l'espérance des fortunes rapides, et que ces convulsions sont toujours momentanées. Tout l'Etat est réellement affaissé sous le poids du gouvernement ; la crainte est par-tout ; la méfiance est sur le trône, mais l'espérance est aux portes du palais. Le premier soldat qui voit le gibet sans effroi, ne voit point de terme à son ambition, et quelques ames fortes, placées entre la bassesse de l'esclavage et l'audace des conjurations, deviennent nécessairement atroces. : telles sont les mœurs qui commencèrent à Rome, sous les premiers empereurs. Il me semblait difficile d'ajouter foi à l'historien de ces temps déplorables ; mais à peine arrivé en Russie, tout ce que Tacite a peint, prit à mes yeux un nouveau caractère de vraisemblance. Les Russes, dans le progrès de leur civilisation, me donnèrent une faible idée de ce que Rome était devenue dans sa ruine; cette triste conformité me frappa les yeux de toutes parts. Ce respect superstitieux et insensé que les empereurs romains exigeaient pour leurs images, n'a rien produit de plus mémorable que le trait suivant, arrivé de nos jours. Dans l'année 1734, où la ville de Pétersbourg fut presque entièrement détruite par un incendie (c'était sous le règne de l'impératrice Anne), le quartier qui brûla le premier, communiquait à un palais de bois, par un arc de triomphe, également de bois, et l'unique manière de sauver le reste de la ville, était d'abattre ce misérable monument : mais le général russe qui commandait les secours, ayant montré qu'il y avait sur cette porte un A, première lettre du nom de l'impératrice, n'osa toucher à ce symbole sacré ; il dépêcha un courrier à huit lieues, où était la cour, pour demander des ordres ; et pendant qu'il les attendoit, le feu ayant gagné par cette communication, réduisit en cendres le palais et la ville.

Je conviens que les souverains de Russie, secondés par les étrangers, qu'ils ont appelés, ont tâché, depuis quelques règnes, de civiliser leur nation, au lieu que les Nérons, les Domitiens, employaient toute leur puissance au dessein de ramener la barbarie. Mais il y a ici une observation très-importante : ces anciens tyrans, devenus l'exécration du genre humain, étaient conséquens dans leurs efforts destructeurs, au lieu que les souverains de Russie, attachés à policer leur nation, en y aggravant le despotisme, ont fait, avec de grands travaux, deux choses contradictoires. Suivant l'expression d'un sage magistrat de Genève, « par-tout où le plus grand nombre des hommes sera réduit à n'avoir ni volonté, ni opinion, il faudra bien le priver de connaissances. » Cette vérité étant incontestable, que devons-nous penser de cette entreprise des Czars, célébrée par tant de panégyristes ? N'est-elle pas évidemment semblable au dessein formé autrefois par Tibère, quand il voulait être servilement obéi par un sénat qui conservât des lumières et de la dignité, dessein qui nous a été transmis comme la chimère d'un tyran ?

Ainsi, la relation que j'ai l'honneur de vous offrir, Madame, est conséquente à toutes les notions qu'on a prises dans l'histoire, à tous les principes des meilleurs écrivains politiques; et cette conformité pourrait, auprès de quelques esprits, me tenir lieu des preuves les plus positives. Mais j'ai raconté des anecdotes si particulières, qu'on peut s'étonner qu'elles ayent été sues;

et n'ayant pas droit d'exiger, sur des faits aussi graves, qu'on m'en croie à ma simple parole, je dois citer et mes garans, et les moyens que j'ai eus de m'instruire; les voici. Dans un séjour de quinze mois à la cour de Russie, où j'étais à la suite du ministre plénipotentiaire de France, M. le baron de Breteuil, la confiance dont il m'honora ne me laisse aucun doute que je n'aie su les mêmes choses qu'il a apprises; et, par une position rare que son habileté lui avait ménagée, il eut, après cette révolution, la confiance de tous les partis: avant cette époque, il avait eu celle des deux premières confidentes de l'impératrice. Ma position personnelle dans ce pays, m'y donna des liaisons intimes avec des gens qui l'habitaient depuis 40 ans, et qui, par état, y avaient les rapports les plus secrets et les plus sûrs, entre autres avec M. d'Agenfeld, secrétaire de la cour de Vienne; c'était un sage et honnête vieillard, qui, depuis les dernières années de Pierre Ier, avait travaillé sous onze ambassadeurs. L'usage du ministère de Vienne étant d'accorder seulement pour récompense, à ses secrétaires d'ambassade, des augmentations d'appointemens, et de les laisser vieillir dans leurs emplois, il a, pour ainsi dire, dans tous les pays, des archives vivantes. Les faits indiqués rapidement dans les caractères de Biren, de Munich et de Lestok, se sont passés pendant l'ambassade de M. de la Chetardie, dont toutes les dépêches m'ont été confiées, et plusieurs de ces anecdotes m'ont été racontées par le fed-maréchal Munich. Qu'il me soit permis de le dire, la bienveillance que m'accorda ce grand homme me paraît encore aujourd'hui la plus précieuse récompense de mes voyages. J'ai eu quelques liaisons avec la princesse d'Aschekof, avec le piémontais Odarr, et une plus grande avec le grand-maître d'artillerie Villebois. En un mot, de tous ceux que j'ai nommés dans cette relation, il n'y en a aucun que je n'aie connu personnellement; et le jour même de la Révolution, je le passai tout entier, soit dans la place publique, soit dans les sociétés les mieux informées. L'impératrice elle-même a raconté le moment singulier de son réveil à M. le comte de Mercy, ambassadeur de Vienne à sa cour, et maintenant à celle de France ; c'est de lui que je tiens cette anecdote. L'arrivée de l'impératrice à Pétersbourg, et ses premiers mouvemens me furent racontés, peu de jours après la révolution, par son valet de chambre, Michel, qui la suivait. Enfin, l'anecdote qu'il est plus étonnant d'avoir sue, est l'entretien que l'impératrice eut dans son cabinet, avec son ministre. Tout ce qu'un devoir indispensable me permet de dire à ce sujet, c'est qu'il n'y a qu'une seule personne importante et d'une autorité très-grave entre ce ministre et moi.

Je ne me suis point dissimulé les inconvéniens d'écrire l'histoire de mes contemporains ; mais si une telle considération doit m'inspirer quelque ménagement sur l'usage que je ferai de cette Histoire, en l'écrivant, je les ai tous oubliés.

Je me suis dit, avec Cicéron : « Il ne suffit pas que tout ce que » vous dites soit vrai ; il faut avoir » le courage de dire toutes les vé- » rités. » Et, suivant un très-beau mot de Mably : « Un historien n'est » plus un homme privé ; il juge les » peuples et les rois. »

Mais en attendant le moment de publier cette Histoire, quelqu'éloigné qu'il puisse être, la copie que je remets en vos mains, Madame, sera la seule qui sortira des miennes.

Vos vertus ne me laissent pas la moindre alarme sur cette confiance ; et, qui doit connaître mieux les égards dûs aux souverains pendant leur vie que vous, Madame, à qui il reste encore, d'une souveraineté, possédée long-temps par la Maison d'Egmont, un ancien droit aux mêmes égards, et un plus grand attaché à votre nom?

Je suis, avec le plus profond respect,

MADAME,

Votre très-humble
et très-obéissant serviteur,
RULHIÈRE.

Paris, 10 février 1768.

HISTOIRE

HISTOIRE OU ANECDOTES DE LA RÉVOLUTION DE RUSSIE,

En l'année 1762.

J'ÉTAIS présent à la révolution qui a précipité du trône de Russie le petit-fils de Pierre-le-Grand, pour y placer une étrangère. J'ai vu cette princesse, échappée du Palais en fugitive, forcer le même jour son mari à lui abandonner sa vie et son Empire. J'ai connu tous les personnages de cette scène terrible, où, dans un péril pressant, on vit se développer toutes les ressources de l'audace et du génie ; et, n'apportant à ce spectacle aucun intérêt personnel, voyageant pour connaître les différens gouvernemens, je regardai comme un bonheur d'avoir sous mes yeux un de ces événemens rares, qui caractérisent une nation, et où les hommes se produisent tout entiers.

On trouvera dans le récit que je vais faire quelques anecdotes d'un genre moins sérieux ; et je n'ai pas cru devoir raconter du même ton des intrigues de jeunes femmes, et le soulevement d'un Empire. Un auteur tragique donne aux grands événemens une dignité toujours soutenue ; il ne représente la nature qu'en la perfectionnant. Ce n'est pas ici mon objet, et tout ce grand tableau sera peint sur la nature même.

Il faut d'abord exposer d'où venait cette haine irréconciliable entre l'Empereur et son Epouse, et l'on verra en même temps, par quelle suite de desseins ambitieux, cette Princesse est parvenue jusqu'à la plus violente usurpation.

La princesse Catherine d'Anhalt-Zerbst avait passé ses premières années dans une fortune médiocre : son père, souverain d'un petit Etat, et général au service du roi de Prusse, habitait une ville de guerre, où elle fut élevée au milieu des hommages d'une garnison ; et si, quelquefois, au sortir de son enfance, sa mère la conduisait à la cour pour venir y chercher quelques regards de la famille royale, elle était à peine distinguée de la foule des courtisans.

Mais un prince, dont elle était proche parente, ayant été, par une suite de révolutions, appelé en Russie pour y succéder un jour à l'Empire, et les grandes princesses de l'Europe ayant refusé d'unir leur sort à l'héritier d'un trône si violemment agité, elle fut choisie pour l'épouser. Ses parens eux-mêmes lui firent quitter la religion dans laquelle ils l'avaient élevée, pour lui faire embrasser la religion russe; et il fut expressément stipulé dans le contrat, que si le prince mourait sans laisser d'enfans de ce mariage, son épouse hériterait de l'Empire.

La nature semblait l'avoir formée pour la plus haute élévation. Sa vue annonçait dès-lors tout ce qu'on devait attendre d'elle; et peut-être, avant d'aller plus loin, verra-t-on avec plaisir le portrait de cette femme célèbre.

Sa taille est agréable et noble; sa démarche fière; sa personne et son maintien remplis de grâces. Son air est d'une souveraine. Tous ses traits annoncent un grand caractère. Son col est élevé et sa tête fort détachée; l'union de ces deux parties est sur-tout dans le profil d'une beauté remarquable ; et , dans les mouvemens de sa tête, elle a quelque soin de développer cette beauté. Elle a le front large et ouvert, le nez presque aquilin; sa bouche est fraîche et embellie par ses dents ; son menton un peu grand et se doublant un peu sans qu'elle soit grasse. Ses cheveux sont châtains et de la plus grande beauté ; ses sourcils bruns ; ses yeux bruns et très-beaux ; les reflets de lumière y font paraître des nuances bleues, et son teint a le plus grand éclat. La fierté est le vrai caractère de sa physionomie. L'agrément et la bonté qui y sont aussi, ne paraissent, à des yeux pénétrans, que l'effet d'un extrême desir de plaire ; et ces expressions séduisantes laissent trop apercevoir le dessein même de séduire. Un peintre, voulant exprimer ce caractère par une allégorie, proposait de la représenter sous la figure d'une nymphe charmante, qui, d'une main, qu'elle tient avancée, présente des chaînes de fleurs, et de l'autre, qu'elle tient derrière elle, cache une torche enflammée.

Epouse du grand-duc, à l'âge de quatorze ans, elle sentit dès-lors qu'elle gouvernerait les états de son mari. L'ascendant qu'elle prit aisément sur ce prince, en était un moyen simple qu'elle devait à ses agrémens, et son ambition en fut long-temps satisfaite. Les nuits, qu'ils passaient toujours ensemble, ne paraissaient pas suffire à la vivacité de leurs sentimens ; ils se dérobaient à leur cour plusieurs heures de chaque journée. Tout l'Empire attendait la naissance d'un second héritier, n'imaginant pas qu'entre deux jeunes époux, tout ce temps était uniquement employé à faire l'exercice à la prussienne, et des factions à la porte, un fusil sur l'épaule. La grande duchesse ajoutait, en racontant ces détails, long-temps après : « Il me sem-

» blait que j'étais bonne à autre chose. » Mais alors, en gardant le silence sur les étranges plaisirs de son mari, en s'y prêtant avec complaisance, elle le gouvernait; elle s'appliquait à couvrir en toute occasion les inepties de ce prince; et n'espérant régner que par lui, elle tâchait qu'il ne fût pas reconnu indigne du trône.

De pareils amusemens n'assuraient point à l'Etat une ligne de succession; et l'impératrice Elisabeth en voulait une pour sa propre sûreté. Elle retenait en prison ce jeune infortuné, connu sous le nom du petit Ivane, qui, détrôné à l'âge de quinze mois, était sans cesse promené d'un bout de l'Empire à l'autre, de forteresse en forteresse, afin que ses partisans, s'il en avait, ignorassent toujours où ils le pourraient trouver. Elisabeth est d'autant plus louable de lui avoir laissé la vie, que sachant avec quelle facilité une révolution se fait en Russie, elle n'a jamais cru la couronne assurée sur sa tête. Elle n'osait se coucher avant le jour, parce que c'était à la faveur de la nuit qu'une conspiration l'avait placée elle-même sur le trône. Elle craignait tant d'être surprise endormie, qu'elle avait fait chercher avec soin l'homme de tout son Empire qui eût le sommeil le plus léger; et cet homme qui, heureusement, se trouva difforme, passait dans la chambre de l'impératrice tout le temps qu'elle dormait. C'était malgré tant de craintes, qu'elle laissait vivre le seul homme qui les causait. Ses parens même n'avaient pas été séparés; et le bruit courait que, dans leur prison, ils avaient eu la consolation, ou peut-être la douleur d'avoir plusieurs enfans, concurrens dangereux, puisqu'ils étaient la branche aînée de la maison des Czars. La précaution la plus sûre contre eux était de montrer à la nation une longue suite d'autres héritiers ; c'était là l'embarras. Huit ans étaient déjà passés : et quoique la nature n'eût point refusé au grand-duc toute sensibilité, les gens instruits prouvaient, par des raisons incontestables, qu'on ne devait pas attendre de lui cette ligne de succession.

On enhardit un jeune homme de la cour, un des comtes Soltikof, d'une belle figure et d'un esprit peu redoutable, à devenir amant de la grande-duchesse. Le grand chancelier de Russie fut chargé de l'en prévenir elle-même. Elle fut indignée : elle le menaça. Elle cita l'article de son contrat de mariage qui, à défaut d'enfans, lui assurait le trône. Mais quand il lui eut fait comprendre qu'il tenait cette commission de ceux-même à qui elle se voulait plaindre ; qu'il lui eut fait sentir les dangers auxquels elle exposait l'Empire, si elle ne prenait pas cette précaution; et les résolutions plus ou moins funestes que le dessein de prévenir ces dangers pourrait faire prendre contre elle-même, elle répondit : « Je vous entends; amenez-le ce soir. »

Aussitôt que la grossesse fut déclarée, l'impératrice Elisabeth fit donner au jeune Russe un ministère dans les pays étrangers. La grande-duchesse pleura, et tenta de se consoler par de nouveaux choix. Mais la succession paraissait assurée. Les nouveaux choix déplurent. On veilla sur sa conduite avec une sévérité qui ne s'accordait, ni avec les mœurs générales, ni avec la conduite personnelle d'Elisabeth. En effet, quoique les dames russes soient nouvellement admises dans la société; qu'à la fin du dernier siècle elles vécussent encore enfermées, et ne fussent même comptées pour rien dans l'autorité domestique, cependant l'usage de la clôture absolue et celui des eunuques n'étant point établis dans ce pays, il était résulté de cette captivité des femmes, au milieu d'une foule d'esclaves, le déréglement totaldes mœurs ; et quand Pierre Ier y fit naître la société, il n'eut à réformer qu'une austérité apparente de mœurs, déjà très-dissolues. On ne croyait point que les dernières impératrices eussent flétri la gloire de leur règne, pour avoir choisi une foule d'amans dans tous les rangs de leurs sujets, et jusques parmi les esclaves. Sous le règne présent, un jeune favori gouvernait l'Empire, tandis qu'un simple cosaque, dont la première fortune avait été de jouer du serpent dans la chapelle du palais, était parvenu jusqu'à épouser secrètement l'impératrice. Ce mariage n'étonnait point dans un pays où les souverains, il y a peu d'années, s'alliaient indifféremment dans les dernières familles de leurs sujets : mais une raison particulière à cette princesse empêchait qu'il ne fût déclaré. Elisabeth s'ésait fait un point de conscience de laisser sa couronne à son neveu, descendant d'une sœur aînée ; et de cette idée de justice, conservée au milieu de toutes ses faiblesses, vint cette singularité de vivre sans mystère avec ses amans, et d'avoir un mari en secret. Souvent encore on voyait s'élever des fortunes moins éclatantes, sans autre mérite dans ceux qui y parvenaient, que d'avoir plu un moment à leur souveraine. Mais, soit envie secrète, soit scrupule d'avoir forcé la grande duchesse à faire les premiers pas, on s'opposa à tous les choix qu'elle paraissait faire ; leur obscurité même, car elle y eut aussi recours, ne les déroba point à l'effroyable exil de ce pays-là. Elle était au désespoir, quand la fortune conduisit en Russie le chevalier Williams, ambassadeur d'Angleterre, homme d'une imagination hardie et d'une conversation séduisante, qui osa lui dire, « que la » douceur est le mérite des victimes; que » des intrigues sourdes, des ressentimens » cachés, n'étaient dignes, ni de son » rang, ni de son génie; que la plupart » des hommes étant faibles, les caractères » décidés sont toujours imposans; qu'en » cessant de se contraindre, en déclarant » hautement ceux qu'elle honorerait de » ses bontés, en faisant voir qu'elle se » tiendrait personnellement offensée de tout » ce qu'on oserait contre eux, elle vivrait » selon ses volontés. » La fin de cette conversation fut de lui présenter un jeune Polonais qu'il avait à sa suite.

Le comte Poniatouski avait pris en Pologne d'intimes liaisons avec cet ambassadeur, si intimes même, que l'un étant fort beau, l'autre fort dépravé, on en avait médit. Peut-être que l'exactitude de ce détail n'est pas de mon sujet; mais monsieur de Poniatouski étant devenu roi, il y a toujours plaisir à reconnaître les chemins qui mènent au trône. Allié par sa mère à la plus puissante Maison de Pologne, il avait accompagné le chevalier Williams, dans le dessein de voir une Cour si intéressante pour celle de Varsovie; et déjà connu par l'agrément de son esprit, il faisait, pour s'instruire dans les affaires, les fonctions du secrétaire de l'ambassade. Ce fut sur ce jeune étranger, qu'après une entrevue secrète, où la grande-duchesse se rendit déguisée, elle fit tomber tout l'éclat de sa faveur. Poniatouski ayant fait un voyage dans sa patrie, en revint aussitôt avec le caractère de ministre, qui le rapprochait un peu de sa maîtresse. Cette bienséance du rang fut mise à la place de toutes les autres bienséances ; et ce caractère inviolable donnait au personnage hardi qu'il allait faire, la protection sacrée du droit des gens.

Tout méprisable qu'était le grand-duc, il ne s'avilit pas au point de se laisser plus long-temps gouverner par sa femme; mais il perdit tout à n'être plus gouverné. Abandonné à lui-même, et pour ainsi dire mis à découvert, il parut à tous les yeux ce qu'il était. Jamais la fortune n'avait placé aucun prince dans de plus heureuses circonstances ; et dès sa première jeunesse, souverain du Holstein, il avait encore eu le choix de deux autres couronnes. On sait que les ducs de Holstein, long-temps opprimés par le Danemarck, où régnait la branche aînée de leur famille, ont tour-à-tour intéressé dans leurs querelles, les puissances qui se sont élevées dans le Nord; et, par une politique toujours soutenue, épousant, suivant les temps, des princesses de Suède ou de Russie, sont enfin montés sur ces deux trônes. Tous deux furent offerts au prince Pierre, qui, réunissant en lui le sang de Charles XII et celui de Pierre Ier, se vit en même temps élu héritier de la Suède par les états de cette nation, et appelé en Russie par la Czarine, pour lui succèder. Il avait, en choisissant l'Empire, fait tomber, par sa faveur, la couronne de Suède sur la tête de son oncle, de sorte que sa maison lui doit le grand éclat dont elle jouit, en occupant seule aujourd'hui tous les trônes du Nord : mais, par un jeu cruel de la destinée, après avoir paru travailler pendant deux siècles à préparer, pour ce prince, une si haute élévation, elle l'en fit naître entièrement indigne.

Il faut, pour concevoir son étrange caractère, savoir que son enfance avait été confiée

confiée à deux hommes d'un mérite rare, mais qui avaient eu le tort de l'élever sur les plus grands modèles, considérant plutôt sa fortune que son génie. Quand il eut été appelé en Russie, ces deux hommes, d'un mérite trop sévère pour cette cour, firent craindre l'éducation forte qu'ils continuaient de lui donner ; on l'ôta de leurs mains pour le confier à de vils corrupteurs ; mais les premiers principes qu'il avait reçus étant restés gravés dans son esprit, de là vint un mélange bizarre de bonnes intentions dégénérées en ridicules manières, et de vues ineptes dirigées vers de grands objets. Elevé dans l'horreur de l'esclavage, dans l'amour de l'égalité, dans la passion pour l'héroïsme, il s'attacha fortement à ces nobles idées ; mais il aimait le grand avec petitesse, et, se proposant d'imiter les héros dont il descendait, son génie le retenait dans des puérilités. Il affectait de se plaire aux plus basses fonctions des soldats, parce que Pierre Ier avait voulu passer par tous les grades de la milice; et suivant cette idée, si étonnante dans un souverain, de marquer les progrès de son instruction par des degrés d'avancement, il se vantait, dans les concerts de sa cour, d'avoir autrefois servi les musiciens, et d'être devenu premier violon à force de talens. Une sorte de manie militaire se répandait sur toute sa vie; sa passion favorite était de commander l'exercice; et pour qu'il eût ce plaisir à toute heure, sans faire murmurer les régimens russes, on lui avait abandonné de malheureux soldats holstenois, dont il était le souverain. Sa figure, naturellement ridicule, le devenait beaucoup plus sous un habillement où il avait outré la manière prussienne. Les guêtres qu'il portait toujours, étaient si serrées, qu'elles lui ôtaient le mouvement des genoux, et l'obligeaient à s'asseoir et à marcher tout d'une pièce. Un vaste chapeau bizarrement retroussé, couvrait un petit visage laid et malin, d'une physionomie assez vive; et il se plaisait à se défigurer encore par de perpétuelles grimaces dont il s'était fait un amusement. Son esprit n'était cependant pas sans quelque vivacité, et on reconnaissait en lui un talent assez marqué pour la bouffonnerie. Une action de ce prince, acheva de le faire connaître. Il avait maltraité, sans sujet, un de ses courtisans; et dès qu'il eut senti son injustice, il lui proposa, pour la réparer, de se battre en duel contre lui. Quelle que fût l'intention du courtisan, homme adroit et délié, tous deux s'enfoncèrent dans un bois, et, tirant l'épée à dix pas l'un de l'autre, ils poussaient de grandes bottes sans s'approcher; mais tout-à-coup le prince s'arrêta en disant: « Ce

» serait dommage que deux braves gens » comme nous s'égorgeassent ; embras- » sons-nous. » Ils avaient repris, en se complimentant l'un et l'autre, le chemin du château, quand ce courtisan, apercevant beaucoup de monde, s'écria avec précipitation : « Eh ! monseigneur, vous » êtes blessé à la main, prenez-garde qu'on » ne voie le sang ; » et il se pressa de lui envelopper la main dans un mouchoir. Le grand-duc, s'imaginant que cet homme le croyait réellement blessé, ne le désabusa point, se fit publiquement honneur de son courage à soutenir une blessure ; et pour montrer de la générosité, prit ce courtisan dans la plus grande faveur.

On voit avec quelle facilité les flatteurs s'emparèrent d'un tel prince. Il ne tarda pas à trouver, parmi les filles d'honneur, une maîtresse vraiment digne de lui. Mais ce qui peut donner de l'étonnement, son plus cher favori, son aide-de-camp, nommé Goudowitz, pour lequel son amitié ne varia jamais, fut un jeune homme honnête, et qui l'aima véritablement.

La jeune cour commençait donc à être ouvertement divisée, quand une nuit, dans une maison de campagne, Poniatouski, près d'entrer chez la grande-duchesse, sans avoir de prétexte sur le lieu, tomba entre les mains du mari outragé. Cet amant, ministre d'une cour étrangère, réclama, dans le péril qui le menaçait, les droits de son caractère ; et le prince, qui vit, dans cette aventure, deux cours compromises, n'osa rien prendre sur lui-même, fit déposer Poniatouski dans un corps-de-garde, et dépêcha un courrier au favori qui gouvernait l'Empire. La grande-duchesse, faisant tête au danger, vint trouver son mari, convint de tout avec audace, lui représenta ce qu'aurait de fâcheux et peut-être de funeste pour lui-même, la publicité d'une telle aventure. Elle se justifia, en lui opposant la maîtresse qu'il avait, au su de tout l'Empire. Elle promit que dorénavant, elle traiterait cette fille avec tous les égards que sa fierté lui avait refusés jusqu'alors; et, comme les soldats du grand-duc absorbaient ses revenus, sans lui laisser les moyens de rendre la position de sa maîtresse plus agréable, elle promit, en s'adressant à cette fille, de lui donner une pension annuelle. Le grand-duc, étonné par l'ascendant qu'elle conservait encore sur lui, et en même temps, sollicité par sa maîtresse, ferma les yeux sur l'évasion de Poniatouski, et tâcha lui-même de réparer l'éclat qu'il avait voulu faire.

La grande-duchesse ayant tiré d'un événement qui devait la perdre, une sécurité plus grande, et l'occasion de tenir comme à ses gages la maîtresse même de son mari, s'enhardit à de nouveaux desseins, et commença à produire en public toute l'ineptie de ce prince avec autant de soin qu'elle en avait pris, jusques-là, pour la tenir cachée. Elle avait entièrement changé de systême; et désormais, faisant porter toute son ambition sur son fils, elle méditait de faire passer sa couronne à cet enfant, et de s'assurer la régence; projet sage, et dans la plus rigide exactitude des lois de cet Empire. Mais il fallait qu'Elisabeth elle-même destituât son neveu : et comment y résoudre une princesse douce, irrésolue, superstitieuse, qui, un jour, signant un traité d'alliance avec une cour étrangère, n'acheva point sa signature, parce qu'une guêpe vola sur sa plume, et qui respectait dans son neveu les mêmes droits qu'elle avait fait valoir? Il restait une ressource à sa mort, celle de supposer un testament, moyen qui, parmi les souverains mêmes, n'est pas sans exemple, et par lequel Adrien succéda à Trajan.

Mais pendant qu'on préparait cette intrigue, une révolution dans les affaires générales de l'Europe, enleva à la grande-duchesse le confident nécessaire de ses desseins, le grand chancelier Bestuchef, que le changement des alliances de sa cour renversa du ministère. Son exil entraîna le départ du comte Poniatouski, dont on fit demander le rappel au roi son maître; et la grande-duchesse, plongée dans la plus profonde douleur, s'étant vainement jetée toute en larmes aux pieds de l'impératrice, pour redemander son amant, regardée même, par Elisabeth, avec une jalousie inquiète, commença à vivre à la cour comme dans un désert.

Elle vécut ainsi plusieurs années, n'ayant de liaisons connues qu'avec de jeunes femmes, qui avaient, comme elle, aimé des Polonais, et qui étaient mal venues dans la vieille cour, à cause des charmes de leur figure; se levant tous les matins avec le jour, donnant les journées entières à la lecture des bons livres français, souvent seule, jamais long-temps ni à table, ni à sa toilette: mais ce fut dans ce temps qu'elle fonda toute sa grandeur. On l'a entendu avouer que tout ce qu'elle sait dans l'art de l'intrigue, elle l'apprit alors d'une de ses dames qui possède l'air le plus simple et le plus indolent. Ce fut dans ce temps qu'elle s'assura des amis au besoin; que tous les gens importans se persuadèrent, par les secrètes liaisons qu'elle prit avec eux, qu'ils deviendraient plus importans encore si elle gouvernait; et qu'enfin le voile d'une grande passion malheureuse, couvrant quelques aventures consolantes, plusieurs eurent droit de penser qu'ils auraient à sa cour la place de favori. Telle était sa position, quand l'impératrice Elisabeth mourut le 5 janvier 1762.

Avant d'avoir recours aux grands desseins qu'elle avait médités, elle tenta encore, en ce moment, de se ressaisir de l'autorité par des moyens plus doux. Les ministres, le confesseur, l'amant et les valets, tout fut employé pour inspirer à l'impératrice mourante la pensée de réconcilier le grand-duc et sa femme. Ce projet réussit, et le grand-duc dans les embarras de ce moment, parut lui rendre son ancienne confiance. Elle lui avait persuadé de ne se point faire proclamer par les régimens des gardes; « que cet usage tenait de l'an-
» cienne barbarie; qu'il était plus digne
» des Russes modernes que leur souverain
» se fît reconnaître au sénat, » certaine dans un gouvernement où il y aurait eu des

formes, de ramener bientôt tout à ses volontés. Les ministres étaient gagnés, les sénateurs prévenus. Elle avait composé le discours qu'il devait prononcer. Mais aussitôt qu'Elisabeth fut expirée, l'empereur, au comble de sa joie, se montra avec empressement à ses gardes ; et, par leur proclamation, prenant en despote un gouvernement absolu, brisa toutes les entraves qu'on lui préparait, échappa, pour jamais, à l'autorité de sa femme, se livra de jour en jour à de nouveaux ressentimens contre elle, désavoua presque son fils, en ne le reconnaissant pas pour successeur, et ne laissa plus de ressource à Catherine que dans son audace et ses amis.

Pierre III commença son règne par un édit, où, de son plein pouvoir despotique, il accordait à la noblesse russe les droits des peuples libres ; et comme si, en effet, les droits des peuples dépendaient de pareilles concessions, cet édit causa des transports de joie si immodérés, que cette nation vaine proposa de lui élever une statue d'or massif. Mais cette liberté dont, pour la première fois, on entendait le nom, et dont un tel prince était incapable de rédiger les droits, ne fut que l'illusion d'un moment. La volonté du souverain, sans aucune forme, continua d'être l'unique loi; et la nation, frappée de l'idée confuse d'un bien qu'elle ne connaissait pas, s'affligea d'avoir été trompée.

L'artiste qui devait graver les nouvelles monnaies, vint en présenter le dessin à l'empereur. On avait tâché, en conservant le fond de ses traits, de leur donner quelque noblesse. Une branche de laurier ornait légèrement de longues boucles de cheveux flottantes. Il rejeta ce dessin, en s'écriant : « Je ressemblerais au roi de

France. » Il voulut être représenté dans sa difformité naturelle, coiffé en soldat, d'une manière si peu convenable à la majesté du trône, que ces monnaies devinrent un objet de risée, et en se répandant partout l'Empire, portèrent la première atteinte au respect des peuples.

Dans le même temps, il rappela de Sibérie cette foule de malheureux, dont on essayait, depuis tant d'années, de peupler ces contrées désertes; et sa cour offrit un spectacle que les siècles ne rameneront peut-être jamais.

On y vit reparaître Biren, autrefois domestique de la duchesse de Courlande, amené en Russie par cette princesse, quand elle y vint régner, parvenu, comme amant de la souveraine, à en exercer l'autorité: mais parvenu par un moyen si doux, il gouverna avec un sceptre de fer: il fit mourir, en neuf ans, onze mille personnes,

Sous son affreux gouvernement, cet Empire eut son plus grand éclat, parce que toutes les parties de l'administration, tous les commandemens, tous les emplois se trouvaient, à cette même époque, remplis par d'illustres étrangers que Pierre Ier avait autrefois ramenés de ses voyages; de longs travaux les avaient placés à la tête de tous les départemens, et Biren, étranger comme eux, contenait leur ambition sous un joug sévère, et faisait ployer sous leur autorité toute la nation russe. Devenu, par la force, souverain de Courlande, dont la noblesse avait refusé, quelques années auparavant, de l'admettre dans son ordre, il voulut encore être régent de l'empire de Russie avec un pouvoir illimité. Sa maîtresse expirante, et qui avait choisi pour successeur un enfant de quelques semaines, lui dit, en pleurant: « Biren, vous vous perdez: » mais elle eut la faiblesse de le nommer. Tout était prévu pour ce moment. Il avait, peu de temps avant, fait périr dans les supplices tous ceux des exilés qu'il aurait craints, afin de pouvoir, à son avénement à la régence, se montrer indulgent sans danger. Il avait donné une victime à la haine publique, dans un de ses confidens qu'il fit supplicier, un bâillon à la bouche, en le chargeant de tout ce que ce règne avait eu d'odieux. Il allait s'assurer l'Empire ; mais la première tentative contre lui le détruisit. Trois semaines d'autorité souveraine lui valurent vingt ans d'exil. Il en revenait dans les premières années de la vieillesse ; l'âge ne lui avait ôté ni la beauté ni la force, mais ses traits étaient durs et sévères. Les nuits d'été, il se promenait presque seul dans les rues de cette ville où il avait régné, où tout ce qu'il rencontrait, avait à lui demander le sang d'un frère ou d'un ami. Il méditait encore de retourner dans sa patrie en souverain ; et quand Pierre III fut détrône, Biren disait : « que » la vraie faute de ce prince avait été l'in- » dulgence, et que les Russes ne doivent » être gouvernés que par la verge et la » hache. »

On vit revenir celui qui avait renversé Biren, le feld-maréchal Munick, gentilhomme du Comté d'Oldembourg, autrefois lieutenant d'infanterie dans les armées d'Eugéne et de Malboroug, et distingué par tous les deux : devenu habile ingénieur aussitôt que le hasard eut fait tomber entre ses mains, dans le désœuvrement d'un quartier d'hiver, quelques feuillets épars et déchirés d'une mauvaise géométrie française ; s'étant bientôt élevé au-dessus même de cette foule d'hommes de génie avec lesquels Pierre-le-Grand l'attira dans ses états ; célèbre en Russie, pour avoir construit

construit le canal qui joint Pétersbourg à l'ancienne Moscovie ; plus connu dans le reste de l'Europe, par ses victoires sur les Polonais, les Tartares et les Turcs.

Après qu'il eut pris la ville de Dantzick, d'où le roi Stanislas, qu'il assiégeait, parvint à s'échapper, Biren, qui gouvernait, lui fit faire son procès par l'inquisition d'état, l'accusant de cette évasion. Munick, justifié, conserva son ressentiment ; et, huit ans après, les parens d'Ivane lui proposant d'entrer dans une intrigue de cour contre le régent Biren, pour réponse, il prit leur garde, monta au palais et fit enchaîner le régent. Il en donna le titre à la mère de l'empereur, et, sous le nom de cette princesse, il gouverna quelque temps l'Empire. Mais haï de cette femme hautaine, il se retira avec gloire, et soutint le repos avec dignité. Sa retraite n'ayant pas empêché qu'à l'avénement d'Elisabeth, il ne fût arrêté et condamné avec tout l'ancien ministère : il monta tranquillement sur l'échafaud où il allait être écartelé, et y reçut sa grâce du même visage. Conduit en Sibérie, gardé à vue dans une maison isolée, au milieu d'un marais, ses menaces et quelquefois son seul nom faisaient encore trembler tous les gouverneurs des contrées voisines ; et l'art auquel il avait dû sa première élévation, devint l'amusement de sa longue solitude. Il revenait de son exil à quatre-vingt-deux ans, le plus beau des vieillards, ne sachant pas qu'il lui restait un fils ; mais trente-trois de ses descendans s'étaient réunis pour aller le recevoir ; et à cette rencontre, cet homme que des fortunes si diverses n'avaient point ému, s'étonna de verser des pleurs.

Depuis l'instant où Munick avait enchaîné Biren lui disputant le rang suprême, la première fois que ces deux hommes s'aperçurent, ce fut dans la foule gaie et tumultueuse qui environnait Pierre III; et cet empereur les ayant appelés, voulut leur persuader de boire ensemble. Il fit apporter trois verres; mais, pendant qu'il prenait le sien, on vint lui parler bas; il but en écoutant, et courut à ce qu'on lui disait. Ces deux anciens ennemis restaient vis-à-vis l'un de l'autre, chacun le verre en main, sans dire un mot, les yeux fixés sur l'endroit où l'empereur avait disparu, et se flattant bientôt qu'il les avait oubliés, tous deux se fixèrent, se mesurèrent des yeux; et rendant leurs verres pleins, se tournèrent le dos.

On voyait auprès d'eux le comte Lestock, qui avait détruit la régente et couronné Elisabeth. Cet homme, né dans les états d'Hanovre, ayant appris la chirurgie à Paris, où il se fit mettre à la Bastille, vint en Russie chercher fortune, et se fit aussitôt envoyer en Sibérie. Rappelé de ce premier exil, et devenu chirurgien de la princesse Elisabeth, il lui persuada qu'elle avait des droits au trône, travailla pendant une année entière à lui former un parti, parvint seul à y intéresser la Suède et la France; et se voyant découvert sans qu'Elisabeth, dans un danger si imminent, imaginât d'autre ressource que d'abandonner tous ses projets, il dessina sur une carte cette princesse, la tête rasée, et lui sur une roue; et au dos de la carte, la princesse sur un trône, et lui sur les marches, paré d'un grand cordon; et lui montrant ces deux revers, il lui dit: « Ce soir l'un, ou demain l'autre. » Il la conduisit cette nuit même au palais, escortée de cent vieux soldats qui avaient servi sous Pierre-le-Grand, dont elle était fille. En arrivant au premier corps-de-garde, un tambour commençait à battre l'alarme:

mais, ou Lestock, ou la princesse, en crevèrent la caisse d'un coup de couteau ; et ils se sont toujours disputé l'honneur d'avoir eu cette présence d'esprit. La sentinelle, qui gardait la chambre de l'empereur au berceau, arrêta Elisabeth, en lui présentant la bayonnette sur la poitrine. Lestock crie : « Malheureux ! que fais-tu ? demande ta » grâce à ton impératrice » ; et la sentinelle tomba prosternée. Après avoir ainsi placé sur le trône la princesse qu'il servait, toujours dominé par son génie intrigant, voulant toujours négocier avec les puissances étrangères, il fut aisément perdu par les ministres. Quand, à son retour, la conjuration de l'impératrice Catherine eut éclaté, rien n'égala le chagrin de cet homme, de ce qu'il y eût de son temps une conspiration dont il ne fût pas ; et il notait, avec une joie maligne, les imprudences de ces jeunes conjurés.

Ainsi, chaque jour voyait arriver des gens intéressans, au moins par de longs malheurs ; et la cour de Pierre III se remplissait d'une multitude qui lui devait plus que la vie. Mais elle se remplissait en même temps d'anciennes haines, d'intérêts inconciliables. Tous ces exilés, dépouillés au temps de leurs disgrâces, demandaient à rentrer dans leurs biens : on les conduisait dans de vastes magasins, où, suivant l'usage de ce pays, sont conservées toutes les confiscations, tristes dépôts des ruines de la faveur, où l'on voit rangés, selon l'ordre des temps, tous les débris de ces fameux naurages. Ils y cherchaient, dans la poussière, leurs meubles précieux, leurs ordres de diamans, les présens dont autrefois des rois même avaient acheté leur crédit ; et trop souvent, après d'inutiles recherches, ils les reconnaissaient chez les favoris du dernier règne.

Pierre III courait à sa ruine par des actions bonnes en elles-mêmes, et la plupart des choses qui l'ont perdu, ne sont devenues des fautes que par sa précipitation, et ont été depuis exécutées par sa femme avec succès et avec gloire. Il était utile à son Empire de dépouiller les prêtres de leurs immenses richesses; et après sa chûte, Catherine, en gagnant quelques chefs du clergé, en leur donnant, par des pensions particulières, plus qu'elle ne leur ôtait par le dépouillement général, a exécuté facilement cette dangereuse opération. Mais Pierre III, qui l'ordonna par un simple coup de despotisme, sans prendre aucune mesure, choqua ces peuples superstitieux; et les prêtres, dont la principale richesse consistait en paysans esclaves, les excitaient à la révolte, et promettaient aux séditieux des prières et l'absolution.

Cette princesse a fondé le crédit dont

elle jouit en Europe, et l'autorité qu'elle exerce dans les états voisins de son empire, sur ses liaisons avec le roi de Prusse; et ces liaisons, ouvrage de son mari, excitèrent contre lui une juste indignation. En effet, pendant que la Russie, liguée avec les plus grands Etats de l'Europe, faisait au roi de Prusse une guerre sanglante et opiniâtre, Pierre, rempli d'une folle passion pour l'héroïsme, avait pris secrètement le titre de colonel à son service, et trahissait pour lui tous les conseils de l'alliance. Aussitôt qu'il fut empereur, il l'appela hautement, « le roi mon maître » ; et ce héros, qui touchait alors à son terme fatal, sans qu'on puisse imaginer comment les étonnantes ressources de son génie eussent empêché sa destruction, vit tout-à-coup, par cet heureux hasard, sa fortune rétablie, les Russes, ses vainqueurs, passer dans ses armées, et donna, pour échange à l'empereur, le titre de général. Mais la nation russe, en obéissant, s'indigna qu'il fallût encore répandre son sang pour réparer ses victoires; et accoutumée, depuis tant d'années, à la haine du nom prussien, elle ne vit plus dans son maître que l'allié de son ennemi.

Pierre, redoublant sans cesse les mêmes mécontentemens, envoya au sénat ces nouvelles lois, dont le recueil est appelé le code Frédérick, que le roi de Prusse a faites pour ses états. L'ordre fut donné de les faire observer dans toute la Russie. Mais soit par l'ignorance des traducteurs, soit que la langue russe n'ait point d'expressions pour toutes les idées du droit, il ne se trouva point de sénateur qui pût entendre cet ouvrage; et les Russes ne virent, dans cette vaine tentative, qu'un mépris marqué pour toutes leurs coutumes, et un fol attachement aux mœurs étrangères. Ce n'est pas qu'un pareil attachement ne fût nécessaire chez un peuple qui manque entièrement de lois, chez qui c'est une forme admise dans les procès criminels, de battre l'accusé jusqu'à ce qu'il avoue son crime; et s'il persiste à nier, de battre l'accusateur jusqu'à ce qu'il rétracte son témoignage. Il était, sans doute, du devoir du souverain, d'arracher son peuple à tant de barbarie; et puisque les desseins, si follement entrepris par ce prince, ont été depuis si sagement exécutés par son épouse, on pourrait croire qu'ils avaient été concertés entre eux dans le temps de leur intimité. Mais, laissons aux politiques le soin de comparer deux administrations si diverses, quoique fondées sur les mêmes principes; de remarquer comment cette princesse, en renversant toutes les coutumes russes, prend un soin continuel de faire oublier qu'elle est étrangère; et enfin, d'examiner si les tentatives mêmes qui ont perdu l'empereur, n'ont cependant pas facilité, à celle qui lui succède, l'exécution des projets où il a échoué.

Le mécontentement gagna bientôt les régimens des gardes, les vrais maîtres du trône. Ces régimens, habitués depuis une longue suite d'années, au service tranquille du palais, sous l'empire des femmes qui avaient successivement régné, avaient reçu ordre de suivre l'empereur dans une guerre lointaine; et, regrettant le séjour de la capitale, ils s'apprêtaient à partir malgré eux; mouvement bien proche de la sédition, et toujours favorable à qui veut faire soulever des troupes. L'empereur allait les conduire en Holstein, résolu d'employer sa nouvelle puissance à venger les injures que ses ancêtres avaient reçues du Dannemark, et à rendre à son ancienne patrie son étendue et son indépendance : ce qui le flattait le plus dans cette expédition, c'était d'avoir sur sa route une entrevue avec le roi de Prusse ; le rendez-vous était marqué. Tous les états commençaient à craindre que ce héros, usant de tout son ascendant sur son fanatique admirateur, n'eût bientôt à ses ordres une nouvelle armée de cent mille Russes ; et l'Europe entière, attentive à cet événement, se voyait menacée d'une révolution.

Cependant, la ville ne paraissait occupée que de fêtes. Les solemnités de la paix se célébraient parmi les préparatifs de la guerre. Une joie licentieuse régnait dans le palais. Le départ pour l'armée s'approchant, la cour, prête à se séparer, eût craint de mettre entre les plaisirs un seul jour d'intervalle. La nation russe est oisive, gaie, dissolue ; et quoique la douceur du dernier règne eût donné quelque politesse aux esprits et quelque décence aux mœurs, le temps n'était pas éloigné où cette cour barbare avait célébré, par une fête, la noce d'un bouffon avec une chèvre. La nouvelle cour prit donc aisément l'air et le ton d'un corps de garde en joie. Les six mois de ce règne ne furent qu'un long festin. Des femmes charmantes s'échauffaient de bière anglaise et de fumée de tabac, sans que l'empereur leur permît de retourner chez elles un seul instant du jour : tombant de fatigues et de veilles, elles s'endormaient, couchées sur des sophas, au milieu de ces bruyantes orgies. Les comédiennes et les danseuses, toutes étrangères, furent souvent admises dans ces festins publics; et, sur la plainte que les dames de la cour en firent porter à l'empereur par sa maîtresse, il répondit : « que, parmi les femmes, il n'y » a point de rang ». Dans la licence même de ces fêtes, dans ses plus intimes familiarités avec les Russes, il faisait éclater son mépris pour eux par de perpétuelles moqueries. On voyait à sa cour un bizarre mélange de justice et de mauvaises mœurs, de grandeur et d'ineptie. Deux de ses plus chers favoris ayant vendu leur protection auprès de lui, il les battit violemment de sa main, reprit pour lui-même l'argent qu'ils avaient reçu, et continua de les traiter avec la même faveur. Un étranger étant venu lui dénoncer quelques propos séditieux, il répondit qu'il détestait les délateurs, et le fit punir. Aux veilles de la cour succédaient les violens exercices dont il excédait ses soldats. Sa manie militaire n'avait plus de mesure : il voulait que d'avance un bruit perpétuel de canons lui représentât la guerre ; c'était dans sa paisible capitale le bruit d'un siége de ville. Il ordonna un jour qu'on lui fît entendre un seul coup de cent grosses pièces de canon à la fois ; et il fallut, pour retenir cette fantaisie, lui représenter qu'il allait faire écrouler la ville. Souvent il se levait de table pour se précipiter à genoux, un verre en main, devant le portrait du roi de Prusse. Il s'écriait : « Mon frère, nous » conquerrons l'Univers ensemble. » Il avait pris l'envoyé de ce prince dans une singulière faveur. Il voulait que cet envoyé, avant le départ pour la guerre, eût toutes les jeunes femmes de la cour. Il l'enfermait avec elles, se mettait, l'épée nue, en faction à la porte; et, dans un pareil moment, le grand chancelier de l'Empire étant arrivé pour un travail, il lui dit : « allez rendre compte au prince » Georges; vous voyez bien que je suis sol- » dat. » Le prince Georges, de la Maison de Holstein, était un de ses oncles, qui avait été lieutenant-général en Prusse, et à qui il disait quelquefois publiquement : « Oncle, tu n'es pas trop bon général,

» le roi t'a chassé. » Quelque fût ce sentiment de mépris, il confiait tout à ce prince, par un premier mouvement d'amour pour sa famille. Il voulait, au moment où il fut détrôné, lui donner une souveraineté, ayant déjà forcé Biren à lui céder ce qu'on nommait ses droits au duché de Courlande ; et, dès le premier jour de son règne, écoutant mal-à-propos un sentiment honnête, il avait, au grand regret des Russes, appelé à sa cour les princes et princesses de cette Maison nombreuse.

Tous les regards se tournaient vers l'impératrice ; mais cette princesse, en apparence isolée et tranquille, ne donnait lieu à aucun soupçon. Pendant les obsèques de la feue impératrice, elle s'était fait aimer du peuple par une rigoureuse dévotion, par une fidélité scrupuleuse à observer toutes les pratiques de leur religion grecque, plus chargée de cérémonies que de morale.

Elle

Elle s'appliquait à se faire aimer des soldats, par le seul moyen que sa solitude lui en laissait, interrogeant avec bonté les sentinelles, et leur donnant sa main à baiser. Un soir qu'elle traversait une galerie obscure, une sentinelle l'ayant saluée des armes, elle lui demanda comment il l'avait reconnue ? Il répondit dans le style russe, un peu oriental : « Notre mère, » qui ne te reconnaîtrais pas ? tu éclaires » tous les lieux où tu es. » Elle envoya une pièce d'or à ce soldat, et son émissaire en fit un factieux. Maltraitée de l'empereur, chaque fois qu'elle était obligée de se montrer à la cour, elle paraissait s'attendre aux dernières violences. On la vit quelquefois en public, laisser, comme malgré elle, échapper ses pleurs, tâchant que la pitié générale devînt un moyen pour elle. Ses partisans secrets répandaient le bruit de ses dangers ; et elle paraissait en effet réduite à un tel abandon, tombée dans un tel discrédit, qu'elle avait même perdu toute autorité dans l'intérieur du palais, et que ses domestiques ne la servaient plus que par attachement.

Si l'on croit devoir juger ses desseins par ses périls, et justifier peut-être ce qu'elle a osé, par ce qu'elle avait à craindre, on demandera quelles étaient précisément les intentions de son mari contre elle ? Comment les dire avec certitude ? Un tel homme n'avait point de résolution fixe, mais des mouvemens dangereux. Ce qu'on peut assurer, c'est qu'il avait songé à rendre la liberté au malheureux Ivane, à le reconnaître pour l'héritier du trône ; que, dans ce dessein, il l'avait fait amener dans une forteresse voisine de Pétersbourg, qu'il avait été le visiter dans cette prison. Il avait rappelé des pays étrangers ce comte Soltikof, ce premier amant, que la prétendue nécessité d'assurer la succession avait fait donner à l'impératrice, et il le pressait de se déclarer publiquement père du grand-duc, paraissant résolu à désavouer cet enfant. Sa maîtresse commençait à montrer une ambition démesurée. On parlait dans le palais de démarier les jeunes dames de la cour qui avaient de justes plaintes à faire de leurs maris ; et l'empereur venait de commander secrètement douze lits, parfaitement égaux, pour douze noces très-prochaines, sans qu'on pût précisement en prévoir aucune. Mais déjà toutes les conversations n'étaient que plaintes, murmures, mots coupés, de gens qui cherchent à se sonder mutuellement. En rencontrant l'impératrice dans ses promenades solitaires, on pouvait observer que son air était sérieux, et non pas chagrin. Des yeux clairvoyans auraient reconnu sur son visage ce flegme composé sous lequel se cachent de grands desseins. On remarquait parmi le peuple des bruits séditieux, semés avec artifice, pour le disposer au soulèvement. C'était l'agitation sourde qui précède les tempêtes : et le public attendait avec inquiétude qu'un grand événement vînt tout changer, entendant dire de tous côtés que la perte de l'impératrice était certaine, mais sentant aussi de toutes parts qu'une révolution se préparait. Au milieu de l'intérêt général pour l'impératrice, ce qui faisait trembler pour elle, c'est qu'on ne voyait en sa faveur aucun point de ralliement : on n'apercevait aucun chef ; la faiblesse de tous les grands, le peu de vigueur de tous les gens connus, ne permettait de jeter les yeux sur aucun. Et tout ce mouvement, en effet, était produit par un homme jusqu'alors inconnu, et qui ne fixait point l'attention publique.

Orlof, le plus bel homme du Nord, d'une naissance médiocre, gentilhomme, si l'on veut, par la possession de quelques paysans esclaves, ayant ses frères soldats dans les régimens des gardes, avait été choisi pour aide-de-camp par le grand-maître de l'artillerie, le plus fastueux des Russes. L'usage en ce pays est que les généraux conservent en tout temps leurs aides-de-camp autour d'eux ; ils gardent leurs antichambres, suivent à cheval leur carrosse, et forment la société intérieure de leur maison. Cet avantage d'une belle figure, qui avait fait choisir Orlof, fut bientôt la cause de sa disgrâce. La princesse Kourakine, une des plus piquantes beautés de la cour, brune et blanche, fraîche et vive, était en public maîtresse du général, et en secret de l'aide-de-camp. Le général était trop vain pour être jaloux, mais il fallut céder à l'évidence ; il eut le malheur de le surprendre. L'aide-de-camp fut chassé ; et il allait être pour jamais rélégué dans les déserts de la Sibérie, quand une main invisible s'opposa à sa ruine : c'était celle de la grande-duchesse. Le bruit de cette aventure était parvenu jusques dans la retraite où elle vivait dès avant la mort de l'impératrice Elisabeth. Tout ce qu'on racontait d'un si bel infortuné, le lui fit juger digne de toute sa protection ; et d'ailleurs, la princesse Kourakine est si bien connue, qu'on peut toujours, un bandeau sur les yeux, prendre l'amant qu'elle a choisi. Une femme-de-chambre adroite et favorite, Catherine Ivanouwena, conduisit cette intrigue, prit les précautions que tous les genres de méfiance peuvent suggérer ; et Orlof, aimé d'une belle inconnue, encore loin de soupçonner toute l'étendue de son bonheur, se trouvait déjà le plus heureux des hommes. On pourrait demander s'il le fut davantage, lorsqu'enfin, dans la pompe d'une cérémonie publique, il reconnut sur le trône la beauté qu'il adorait. Sa vie n'en demeura pas moins obscure. Soit goût, habitude, ou dessein formé, il ne vivait qu'avec les soldats; et quoiqu'à la mort du général qui l'avait persécuté, elle fût parvenue à le faire trésorier de l'artillerie, place qui lui rendait le rang de capitaine, il ne changea point sa vie, et sa caisse ne servit qu'à lui faire plus d'amis parmi les soldats. Il s'attachait cependant à suivre sa maîtresse; il se trouvait par-tout sous ses yeux, et pourtant jamais intrigue ne fut conduite avec plus d'art et de réserve. Dans une cour défiante, elle ne fut jamais soupçonnée. Seulement, quand Orlof monta tout-à-coup au rang suprême, les courtisans avouèrent que c'était leur faute de ne s'en être point aperçus : on se rappela des signes d'intelligence; on cita des occasions où on aurait dû être éclairé. Mais il résulte uniquement de ces remarques tardives, que les deux amans avaient eu long-temps le plaisir de s'entendre seuls, et sans que leur intelligence fût trahie. Ainsi vivait la grande-duchesse, tandis que l'Europe entière vantait, et la fierté de son cœur, et sa constance un peu romanesque.

La princesse d'Aschekof est la cadette de trois sœurs célèbres : l'une, est cette comtesse Boutourline, dont les voyages ont fait connaître en tant d'endroits sa beauté, son esprit et ses galanteries ; l'autre, Elisabeth Woronsof, est cette maîtresse que le grand-duc avait trouvée parmi les *frailes* de la cour, ou filles d'honneur. Toutes trois étaient nièces du nouveau grand-chancelier, qui ayant poussé jusques-là sa fortune par trente ans d'assiduités, de services et de souplesses, en jouissait dans le luxe et le désordre, et n'avait à donner à ses nièces que son crédit. Les deux premières avaient été placées à la cour, et la plus jeune était élevée auprès de lui. Elle y voyait tous les ministres étrangers ; mais, dès l'âge de quinze ans, elle ne voulait s'entretenir qu'avec les ministres des républiques. Elle se plaignait hautement du despotisme russe, et annonçait le projet d'aller vivre en Hollande, dont elle vantait la liberté civile et la tolérance pour les religions. Sa passion pour la célébrité paraissait plus vive encore. Une singularité à remarquer, c'est que dans un pays où le rouge et le blanc sont pour les femmes d'un usage si général, qu'au coin des rues une femme ne mendie point sans rouge ; que, dans la langue russe, le mot *rouge* est la forte expression pour signifier la beauté ; et que, dans les présens qu'un village doit à sa dame, l'étiquette est qu'il y ait un pot de blanc : dans ce pays, à quinze ans, la jeune Woronsof annonça qu'elle n'en porterait de sa vie. Un jour, le prince d'Aschekof, un des plus beaux seigneurs de la cour, lui tenant des propos de galanterie un peu vifs, suivant la langue du pays, elle appela le grand chancelier, et lui dit : « Mon oncle, voici M. le prince » d'Aschekof qui me fait l'honneur de me » demander en mariage. » A parler rigoureusement, cela était vrai ; et ce jeune homme n'ayant osé avouer, au premier personnage de l'Empire, que la proposition qu'il faisait à sa nièce n'était pas précisément celle-là, il l'épousa ; mais il l'envoya à Moscou, à deux cents lieues. Elle y passa deux ans, dans une société qu'elle sut y former des plus spirituelles Moscovites. Cependant sa sœur, maîtresse du grand duc, vivait en femme de soldat, inutile à ses parens, qui s'étaient flattés de gouverner par elle le grand-duc, et qui la voyaient, par ses caprices et son peu de suite, échapper à tous leurs desseins. Ils se rappelèrent l'esprit de la princesse, que ces courtisans nommaient adresse et manége. Ils employèrent leur habileté à la faire revenir dans cette cour, persuadés que, par ses intrigues, ils allaient en gouverner tous les esprits. On était alors dans une maison de campagne. Cette jeune femme ne vit qu'avec dégoût la tabagie de sa sœur, et s'enfermait les jours entiers dans la solitude de la grande-duchesse. Toutes deux, dans ces longs entretiens, parlaient du despotisme avec la même horreur. Elle crut avoir trouvé les sentimens qu'elle souhaitait avec passion dans un souverain de sa patrie. Mais, comme elle faisait le contraire de ce qu'on lui avait demandé, on la força de quitter cette cour, la tête également échauffée d'indignation contre ses parens et d'enthousiasme pour la grande-duchesse. Elle s'arrêta à Pétersbourg, vivant sans éclat, voyant plus les étrangers que les Russes, occupant son génie ardent à l'étude des plus hautes sciences; et ayant vu, dès le premier coup-d'œil, combien ses compatriotes y sont peu avancés, annonçant, dans ses conversations familières, que la crainte de l'échafaud ne serait jamais un obstacle pour elle; et quand elle vit sa sœur près d'être impératrice, elle détesta une élévation où sa famille ne pouvait aspirer qu'en faisant périr son amie: et si elle ne mit point de violence dans ses plaintes, c'est que, dès ce moment, elle forma des desseins fixes.

Telles étaient, dans l'abandon général, les deux liaisons inconnues que l'impératrice avaient conservées; et comme elles étaient même inconnues l'une à l'autre, elle mena de front deux conjurations à la fois, et les tint absolument séparées, méditant dans l'une un soulèvement des gardes, et dans l'autre, une convocation des grands.

Orlof, pour tramer des complots, n'eut qu'à continuer sa manière de vivre. Ses premiers complices furent ses frères et son intime ami, nommé Bibikof. Ces cinq hommes, certains de leur fortune ou de leur mort, vendirent tout ce que possédait leur famille, et se répandirent dans tous les cabarets. L'habileté qu'avait eue l'impératrice de mettre entre les mains d'Orlof la caisse de l'artillerie, leur procura des fonds plus considérables, avec lesquels ils se prêtèrent à toutes les passions des soldats. Dans la disposition générale où étaient les esprits, il fut aisé de leur donner un mouvement commun. Ils semèrent dans tous les régimens les mécontentemens et la sédition; ils inspirèrent la pitié pour l'impératrice, et le désir de vivre sous son autorité : pour être assurés du premier coup de main, ils gagnèrent deux compagnies entières, du régiment des gardes *Ismaïlof*, et reçurent des soldats un serment sur le crucifix ; ils voulurent même, à tout événement, s'assurer de leur colonel, sachant bien que, par son caractère, il ne penserait ni à trahir la conjuration, ni à s'en rendre le chef. C'était le comte Rozamouski, simple Cosaque, qui des plus vils métiers, où il gagnait sa vie, était parvenu, par le mariage de son frère avec la feue impératrice, à une si haute faveur, que même on avait rétabli pour lui la place redoutable de *Hetman*, ou capitaine souverain des Cosaques. Cet homme d'une beauté colossale, dédaignant toute intrigue, et même toute affaire, était agréable à la cour par sa représentation, traité par l'empereur comme un favori, et chéri du peuple, parce que, dans les honneurs et dans le faste, la simplicité de sa conduite faisait croire qu'il n'oubliait point celle de son origine : inutile pour former un complot, sa présence dans un soulèvement pouvait déterminer la multitude. Orlof, qu'il n'avait jamais vu, osa lui demander un entretien secret, lui remit sous les yeux tous les désordres du gouvernement, en obtint facilement la promesse qu'au moment où l'impératrice le manderait, il se rendrait auprès d'elle. Rozamouski ne prit, et on ne lui demanda aucun autre engagement : Orlof rendait compte à sa maîtresse, dans leurs entrevues, toujours ignorées : elles échappèrent à la médisance des casernes, comme à celles de la cour ; et quoique cette princesse fût alors dans les inquiétudes d'une grossesse qu'elle n'a jamais déclarée, le même mystère couvrit leur amour et leurs complots.

D'un autre côté, l'impératrice avait conservé avec la princesse d'Aschekof un commerce continuel de billets, qui, n'ayant été long-temps que l'amusement de deux jeunes esprits, était devenu peu à peu une correspondance de conjuration. Cette jeune femme commença par faire donner à son mari une commission éloignée, pour n'être point forcée à lui faire de confidence, ou peut-être pour le dérober aux dangers qu'elle allait courir. Elle feignit une légère indisposition, afin d'aller, sous prétexte de prendre des eaux, habiter un jardin voisin de la ville; et partageant ainsi ses nombreux rendez-vous, elle évita que l'affluence ne rendît sa maison suspecte.

Au premier mot, les chefs du clergé mécontent, et sur-tout l'archevêque de *Novogorod*, promirent tout ce qu'on voudrait d'eux. Elle retrouva, parmi les grands, toutes les anciennes menées de l'impératrice, et n'eut, dans plusieurs entretiens, que des trames à renouer. Le seul homme que sa

position

position rendit également nécessaire aux deux conjurations, était le comte Rozamouski ; mais l'impératrice, secrètement assurée de lui, eut soin de dire à la princesse, « qu'il était inutile de le prévenir ; » que, depuis plusieurs années, il lui » avait promis d'être à elle, quand elle le » voudrait ; qu'elle le connaissait assez » pour se fier à cette promesse, et qu'il » suffirait de l'avertir à l'instant où on au- » rait besoin de lui. » Ces paroles, qui semblaient annoncer et la plus sage réserve et la plus généreuse confiance, et qui devaient si aisément être crues par cette jeune femme, la détournèrent, sans aucun effort, de la seule voie où elle eût pu reconnaître la double intrigue : mais un intérêt inconciliable avec les desseins de l'impératrice et de la princesse, leur opposait un obstacle qui paraissait invincible.

Catherine, tournant à son avantage l'injurè que l'empereur avait faite à son fils ; de ne le pas nommer pour succéder au trône, voulait s'en assurer pour elle-même. Le gouverneur du jeune grand-duc, le comte Panine, que l'intérêt de sa fortune, attachée à celle de son pupille, fit entrer aisément dans la conspiration, voulait, en ôtant la couronne à Pierre III, la faire passer, par droit de succession, à l'héritier naturel, et ne donner à l'impératrice qu'une régence. Il s'opposa long-temps et fortement à toute autre résolution : la princesse d'Aschekof, dont il était éperduement amoureux, employait vainement toute sa séduction ; elle flattait sa passion, mais elle n'y cédait pas, persuadée, entre autres raisons, par le commerce intime que sa mère avait eu avec Panine, qu'elle était fille de cet amant. Un Piémontais, nommé Odart, leur confident, détermina cette jeune femme à passer sur tous ses scrupules ;

et ce fut ainsi qu'elle obtint de Panine le sacrifice de son pupille. Il suffira, pour faire connaître ce Piémontais, de rapporter ses propres paroles à un homme en qui il avait confiance : « Je suis né pauvre ;
» j'ai vu qu'il n'y avait dans le monde que
» l'argent de considéré ; j'en veux avoir ;
» j'irais, pour en avoir, mettre ce soir le
» feu au palais : quand j'en aurai, je me
» retirerai dans mon pays, et je vivrai
» honnête homme tout comme un autre. »

Panine et la princesse avaient tous deux une même façon de penser sur le gouvernement de leur pays ; et si la princesse devait à son génie une violente horreur de l'esclavage, le comte Panine, qui avait été pendant quatorze ans ministre de sa cour en Suède, y avait reçu quelques idées républicaines. Tous deux se réunirent donc dans la résolution d'arracher leur patrie au despotisme, et l'impératrice paraissait les y encourager. Ils rédigèrent les conditions auxquelles les grands de l'Empire, en destituant Pierre III, donneraient, dans une élection formelle, la couronne à sa femme, avec une autorité limitée. Cet espoir engagea dans la conspiration un grand nombre de nobles. L'exécution de ce projet acquérait chaque jour plus de vraisemblance, et Catherine, qui l'avait seulement employé comme un moyen de séduction, sentit qu'elle allait être engagée plus loin qu'elle ne voulait.

Dans le même temps les deux intrigues commençaient à se mêler. La princesse, assurée des grands, descendait aux soldats. Orlof, assuré des soldats, faisait des tentatives parmi les grands. Tous deux, inconnus l'un à l'autre, se rencontrèrent dans les casernes, et s'y virent avec une curiosité inquiète. L'impératrice, que tous deux informèrent de cette rencontre, jugea qu'il était nécessaire de joindre les deux intrigues ; et elle eut l'habileté même, en les fortifiant, l'une par l'autre, de se rendre maîtresse de tout le mouvement.

Orlof, instruit par elle, se fit rechercher par la princesse ; et cette jeune femme, croyant que les sentimens dont elle était animée étaient dans tous les cœurs, ne vit, dans un chef de factieux, qu'un citoyen zélé. Jamais elle ne soupçonna qu'il eût un accès direct auprès de l'impératrice ; et depuis ce moment, Orlof, devenu en effet seul et véritable chef de l'entreprise, eut la singulière adresse de ne paraître qu'un agent de la princesse d'Aschekof.

Mais aussitôt qu'il fut initié dans les conseils des grands, il s'opposa à tous leurs projets. Il jura de ne point souffrir qu'ils imposassent des conditions à leur souveraine. Il leur dit : « que l'impératrice, donnant sa parole de rédiger elle-même les

» droits de leur liberté, ils devaient la » croire; qu'au reste, ils agiraient à leur » volonté, qu'il était maître des soldats; » que lui et les gardes agiraient seuls s'il » le fallait, et suffiraient pour la rendre » souveraine. »

Les grands, déjà complices, se virent donc obligés de céder à celui qui avait la force en main, et se contentèrent de promesses vagues que faisait l'impératrice, d'assurer leur liberté.

On eut aussi attention au peuple, et, afin de lui inspirer l'esprit de révolte, on répandit qu'elle avait déjà éclaté dans toutes les provinces, que les esclaves des prêtres s'attroupaient de toutes parts, refusant d'obéir au nouvel édit; que les Tartares de Crimée campaient sur les frontières, se préparant à forcer les lignes, aussitôt que l'empereur aurait emmené toutes les troupes hors de l'Empire, pour une guerre absolument étrangère à la Russie. Non-seulement, ces bruits mêlés de vérité et de mensonge couraient avec rapidité, comme il arrive en tout pays où le gouvernement devient odieux, et où le mécontentement général se nourrit avidemment de tout ce qui peut le flatter et l'aigrir; mais en Russie, où jamais on ne s'entretient des affaires publiques, où cette curiosité pourrait être punie de mort, de pareils bruits étaient déjà seuls un commencement de révolte. Cette folle précipitation de l'empereur pour son départ, lui faisant négliger d'aller à Moskou, suivant l'usage antique, recevoir la couronne dans la chapelle des anciens Czars, on publiait presque hautement qu'il était permis de détrôner un souverain qui dédaignait de se faire sacrer.

Dans le même temps, l'impératrice faisait dire aux ministres des cours dont ce prince avait abandonné l'alliance, qu'elle détestait cette perfidie, et se mettait en mesure pour demander à ces cours l'argent qui commençait à lui devenir nécessaire. Ces ministres, et sur-tout celui de France, le baron de Breteuil, accoutumés depuis plusieurs années à manier les esprits de cette nation, s'occupaient, dans la crise présente des affaires générales, de prévenir les projets où l'empereur se laissait entraîner par les ennemis de leurs souverains. Ils saisirent avec empressement le moyen que cette conjuration leur en offrait; et, quoique gênés par les ordres de leurs cours, qui leur avaient prescrit de prendre peu de part à ces mouvemens, ils travaillèrent avec autant d'activité que de succès, à donner à l'impératrice tous leurs partisans. Au contraire, les ministres amis de l'empereur, uniquement occupés d'accélérer son départ, se livraient, pour lui plaire, aux fatigues insensées de sa cour; et, pendant que tant d'intrigues leur échappaient, ils s'applaudissaient du succès de leurs négociations, en voyant les troupes défiler de toutes parts, la flotte prête à faire voile, l'Empereur environné de toutes les forces de son Empire, et le jour du départ déjà fixé.

On avait donc un parti nombreux, des ressources assurées; et dans le temps même où le péril devenait pressant, il ne paraissait pas même qu'on eût encore formé aucun complot déterminé. Ceux qui connaissent bien la nation russe, et même d'anciens conspirateurs, prétendent que c'est toujours ainsi qu'il faut y conduire ces sortes d'entreprises; que ces peuples étant très-propres aux conspirations, par la forme de leur gouvernement, par leur disposition naturelle au secret, et même par leur patience dans les supplices; cependant, à cause des haines implacables qui règnent entre toutes les familles, et de l'excessive défiance répandue dans tous les esprits, il serait trop imprudent d'y rassembler une société de conjurés, qui se partageraient en complices les différentes parties d'un même dessein; que d'ailleurs l'habitude de voir passer du rang le plus abject aux plus hautes dignités, donnant à chacun le droit d'y prétendre pour soi-même, il serait également dangereux de leur montrer des chefs dont ils pussent soupçonner la prochaine grandeur; mais qu'il faut s'assurer de chacun en particulier, donner à chacun l'espérance de la plus grande faveur, et ne les réunir qu'à l'instant de l'exécution.

Si on vouloit un assassinat, on en était sûr; et le capitaine aux gardes, Passig, s'était jeté aux pieds de l'impératrice, ne demandant que son aveu pour poignarder l'empereur, en plein jour, à la tête de sa garde. Cet homme et un nommé Baschekakof, de sa même trempe, l'avaient déjà manqué deux fois, vers une petite maison inhabitée, la première que Pierre-le-Grand fit bâtir dans les îles où il a fondé Pétersbourg, et que, par cette raison, les Russes conservent avec respect ; promenade isolée où Pierre III venait quelquefois le soir avec sa maîtresse, et où ces deux forcenés l'avaient attendu de leur propre mouvement. Une troupe choisie de conjurés, conduite par le comte Panine, avait été reconnaître l'appartement de ce prince, sa chambre à coucher, son lit, et toutes les portes qui y conduisaient. Le projet auquel on se détermina enfin, fut d'y venir en force une des nuits prochaines, l'enlever, s'il était possible, le poignarder s'il résistait, convoquer les grands, pour donner à sa déposition une apparence juridique ; et l'impératrice, qui n'aurait paru prendre aucune part à cette révolution, éloignant toute apparence d'avoir trempé elle-même dans ce complot, aurait eu l'air de céder seulement à la prière de ses peuples, et reçu, par une proclamation volontaire et unanime, les droits qu'aucun titre ne lui donne. Telle fut la base de sa conduite. C'est à produire cet effet, que, presque invisible dans la conjuration, elle en dirigeait tous les ressorts ; et même, après les démarches éclatantes où elle se vit forcée, elle a toujours tâché d'y ramener les esprits.

L'empereur était à une campagne éloignée de douze lieues. L'impératrice, dans la crainte de donner des soupçons si elle fût restée à la ville pendant cette absence, était elle-même à une autre campagne. C'était au retour, que l'empereur avait fixé son départ pour la guerre, et l'impératrice, l'exécution de ses complots ; mais le zèle furieux de ce même capitaine Passig , renversa tous les desseins. Ce conjuré violent, toujours emporté dans ses propos, parla du complot devant un soldat qu'il avait maltraité, et qui fut aussitôt le dénoncer à la chancellerie du régiment. Le 8 juillet, à neuf heures du soir, Passig fut arrêté, et un courrier fut envoyé porter cette nouvelle à l'empereur.

Tout était perdu, sans une précaution que le piémontais Odart avait prise, dont lui seul et la princesse d'Aschekof avaient le secret. Chaque homme principal avait à sa suite un espion, qui ne le perdait pas de vue. La princesse fut instruite, à neuf heures et un quart, que Passig était arrêté. Elle manda au comte Panine d'accourir chez elle, et lui proposa de commencer à l'instant même à exécuter leurs desseins ; proposition pareille à celle que de véritables Romains firent autrefois, dans la même conjoncture : « Qu'il fallait » essayer de soulever tout-à-coup le » peuple et les soldats; que les complices » se rassembleraient; que l'éclat des choses » imprévues saisit les esprits et entraîne » la multitude, que l'empereur n'avait » rien de prêt contre un tel effort; que » les plus braves sont étonnés, par les » mouvemens subits : et que pourrait y » opposer ce baladin, dans son cortége » de débauche? Que des choses, impossibles » dans la délibération, s'exécutent parce » qu'on ose les entreprendre. Et, comment, » désormais, espérer le secret parmi tant » de complices effrayés ? La foi des ser- » mens tient-elle entre les supplices et les » récompenses? qu'attendait-on ? La mort » était sûre, une mort ignominieuse ! » Ne valait-il pas mieux périr en embras- » sant la patrie, en implorant des secours

» pour la liberté, périr par la faute des » soldats et du peuple, s'ils l'abandon- » naient, et digne à la fois de ses ancêtres » et de l'immortalité. »

Le conjuré Romain ne suivit point ce conseil, et mourut par la main des bourreaux. Le Russe pensa aussi « qu'un éclat » précipité acheverait de tout perdre ; que, » dût-on réussir à faire soulever Pétersbourg, ce ne serait que le commen- » cement d'une guerre civile, l'empe- » reur ayant auprès de lui une ville » de guerre, une flotte prête, trois mille » hommes de ses troupes particulières » de Holstein, et toutes les troupes qui » défilaient pour joindre l'armée ; que la » nuit n'avait rien de plus favorable, puis- » que, dans ces climats, les nuits n'ont » point alors d'obscurité; que l'impératrice » absente ne pouvait être arrivée avant le » matin; qu'il fallait être attentif aux suites,

» et qu'on serait à temps de se régler le » lendemain sur les événemens. » Ainsi pensa le comte Panine, qui toujours temporise, et il fut se coucher.

La princesse d'Aschekof le laissa dire et s'en alla. Il était minuit. Cette femme de dix-huit ans, s'habille en homme, part seule de sa maison, va sur un pont qu'elle savait être un rendez-vous ordinaire des conjurés. Orlof s'y trouva au milieu de ses frères. On aime à voir comment la fortune secondait la vigilance. A la nouvelle de Passig arrêté, à la proposition d'éclater à l'instant, tous demeurèrent immobiles ; et la joie succédant à ce premier étonnement, tous y consentirent avec transport. L'un de ces frères, que la cicatrice d'un coup reçu au visage, dans un jeu public, a fait nommer le *Balafré*, simple soldat, qui serait d'une singulière beauté, si sa physionomie était moins

féroce,

féroce, et qui joignait l'agilité à la force, fut envoyé, par la princesse, chargé d'un billet qui contenait ces mots : « Venez, » Madame, le temps presse. » Les autres et la princesse passèrent la nuit à préparer le soulèvement avec tant d'habileté, que l'impératrice arrivant, tout était prêt, ou si quelque obstacle arrêtait cette princesse, aucun éclat imprudent n'aurait trahi leurs complots. Ils prévirent même que l'entreprise pourrait échouer; et dans ce cas, ils assurèrent l'évasion de l'impératrice en Suède. Orlof, et son ami, chargèrent chacun un pistolet, se le donnèrent mutuellement, se jurant de ne point faire usage de cette arme dans leurs périls les plus pressans, et de le réserver, si l'entreprise manquait, pour se donner réciproquement la mort. La princesse ne prépara rien pour elle : le supplice lui devenait indifférent.

L'impératrice était à huit lieues, dans le château de Pétershoff; et, sous le prétexte de laisser à l'empereur, qu'on y attendait ce jour même, la libre disposition de tous les appartemens, paraissant craindre d'embarrasser ce prince et sa cour, elle s'était logée dans un pavillon détaché. Ce pavillon, bâti sur un canal, communique avec le fleuve; et un bateau attaché sous les fenêtres même de l'impératrice pouvait, aux premières alarmes, servir à son évasion.

Orlof le *balafré* avait appris de son frère, les plus secrets détours du jardin et du pavillon. Ce soldat éveilla sa souveraine; et songeant même, en ce moment, à usurper, pour sa famille, tout l'honneur de la révolution, il eut l'audacieuse habileté de soustraire le billet de la princesse d'Aschekof, et dit à l'impératrice, dans la première surprise du réveil : « Madame, il

» n'y a pas un moment à perdre : venez ; » et, sans rien écouter, la quitta, redescendit, et disparut.

L'impératrice, dans un étonnement inexprimable, s'habillait et restait éperdue ; quand ce même homme, traversant à cheval les allées du parc avec la rapidité d'un éclair, revient à elle, et lui dit : « Voilà » votre voiture ; » et l'impératrice, comme entraînée, sans avoir le temps de prendre une résolution, tenant par le bras Catherine Ivanouwena, courut à la porte du parc. Elle y trouva une voiture que le balafré avait été chercher à une ferme assez distante, où, depuis deux jours, par les soins de la princesse d'Aschekof, elle se tenait prête à toute heure, soit parce que l'impatience des gardes faisait pressentir qu'on serait obligé d'éclater avant peu, soit pour avoir un moyen de plus de dérober l'impératrice à tout danger, s'étant en même temps assuré de relais jusqu'aux frontières voisines.

La voiture partit, menée par des paysans, attelée de huit chevaux de louage; mais tous les chevaux de ce pays étant de race tartare, en ont encore la vîtesse.

Catherine conservait tant de liberté d'esprit, qu'elle passa une partie du chemin à rire avec sa femme-de-chambre, de je ne sais quel désordre qui se trouva dans leur habillement.

On aperçut de loin une voiture ouverte, qui venait avec une extrême rapidité; et, comme ce même chemin conduisait vers l'empereur, on regardait avec inquiétude. C'était Orlof, le favori, accourant au-devant de sa maîtresse, et qui, lui criant: « Tout est prêt, » reprit les devants avec la même vîtesse. On volait vers la ville, Orlof seul dans la première voiture, l'impératrice et sa femme-de-chambre dans la seconde, et derrière était le balafré avec un soldat qui l'avait accompagné.

En approchant de la ville, on rencontra un nommé Michel, valet-de-chambre français, pour qui l'impératrice avait de singulières bontés, daignant être sa confidente et faire élever tous les bâtards de cet homme. Il venait pour l'heure de la toilette, et reconnut avec effroi l'impératrice au milieu de ce bizarre cortége. Il la crut enlevée par ordre de l'empereur. Elle avança la tête, et lui cria : « Suivez moi » ; et Michel, le cœur lui battant, croyait suivre jusqu'en Sibérie.

Ainsi, pour régner despotiquement sur le plus vaste Empire du monde, arriva Catherine, entre sept ou huit heures du matin, partie sur la foi d'un soldat, menée par des paysans, conduite par son amant, accompagnée de sa femme-de-chambre et de son coiffeur.

Il fallut traverser toute la ville pour se rendre aux casernes dont elle est bordée à l'orient, et qui; de ce côté, forment un véritable camp. On arriva, en droiture, à ces deux compagnies du régiment d'Ismaïlof, qui avaient déjà prêté serment. Les soldats n'étaient pas encore sortis de leurs logemens, parce qu'on avait craint qu'ils ne perdissent tout en s'ameutant trop tôt. L'impératrice descendit sur le chemin qui règne autour des casernes; et pendant que ses conducteurs couraient annoncer son arrivée, elle traversa, en s'appuyant sur sa femme-de-chambre, un grand espace qui sépare les casernes du chemin. Elle fut reçue par une trentaine de soldats qui sortirent en désordre, en achevant de s'habiller en sarots, en chemises. Cette vue l'étonna : elle pâlit : un frissonnement agita visiblement toute sa personne. Mais dans ce mouvement, qui ne la rendait que plus touchante, elle leur dit « qu'elle venait » se jeter entre leurs bras, que l'empereur » avait donné ordre de la tuer, elle et son » fils ; que les assassins étaient partis, » chargés de cet ordre ». Tous jurèrent, d'une seule voix, de mourir pour sa défense. Les officiers accoururent : la foule grossit. Elle envoya appeler le prêtre du régiment, avec ordre d'apporter un crucifix : ce prêtre vint, pâle et tremblant, et tenant en main son crucifix ; il reçut, sans savoir ce qu'il faisait, le serment des soldats. Alors arriva le comte Rozamouski, plus fidèle à sa personne qu'à l'amitié de l'empereur. Il fut suivi du général Volskonski, neveu de ce chancelier disgracié, pour avoir, entr'autres raisons, été si singulièrement dévoué à cette princesse; du comte de Schouvalof, qui, sous le dernier règne, avait usé, avec une modération rare, de la suprême faveur, et que

la mémoire d'Elizabeth rendait encore cher aux soldats; du comte de Bruce, premier major des gardes; et du comte Strogonoff, dont l'épouse, ainsi que la comtesse de Bruce, étaient alors avec l'empereur, célèbres toutes deux par leur beauté, et nommées parmi celles qui allaient, disait-on, être démariées. Il y en eut, dans cette première foule, qui proclamaient l'impératrice Régente. Orlof accourut vers eux, leur dit, « qu'il ne fallait pas faire l'ou-
» vrage à demi, risquer des supplices pour
» avoir, un jour, à recommencer; et que
» le premier qui prononcerait le mot de
» *Régence*, il le poignarderait de sa main. »
Le major Chapelof, sur qui on avait compté, n'arriva point; et le premier ordre que donna l'impératrice, fut « qu'on
» aille lui dire que je n'ai pas besoin de
» lui, et qu'on le mette aux arrêts. » Les simples officiers se rendaient de toutes parts

à leurs compagnies, et leur faisaient prendre les armes. Il est remarquable que de ce grand nombre d'officiers particuliers qui avaient donné leur parole, un seul, nommé Pouskine, eut le malheur ou la faiblesse de manquer à la sienne. L'impératrice faisait le tour de cette espèce de camp formé par les casernes, et parcourait chacun des trois régimens des gardes à pied, garde si redoutable à ses souverains, qui, autrefois, composée d'étrangers par Pierre Ier, fit sa sûreté contre les factions des Russes, mais qui, depuis, augmentée en nombre, et toute composée de Russes, a déjà trois fois disposé de la régence ou de la couronne. Comme elle s'avançait des casernes d'Ismaïlof à celles de Simonoski, à la tête de ce premier régiment, les soldats, qu'elle ne soulevait qu'en les touchant sur ses dangers, crièrent, « qu'en marchant à leur » tête, elle n'était pas en sûreté », et formèrent d'eux-mêmes un bataillon carré autour d'elle. Dans toutes les casernes, deux seuls officiers du régiment de l'Ascension *Préobasinski*, s'opposèrent à leurs soldats, et furent arrêtés. En passant devant la prison de ce régiment, où le conjuré Passig était détenu, elle l'envoya délivrer. Et cet homme, qui se préparait à subir toutes les tortures sans rien révéler, étonné d'une nouvelle si imprévue, eut la force de s'en défier, de craindre qu'elle ne fût un piége pour surprendre dans ses mouvemens un aveu de la conjuration, et il refusait de sortir. Les trois régimens assemblés, les soldats criant *houra*, crurent l'entreprise achevée, et tous demandèrent à baiser la main de l'impératrice. Elle appaisa ce fol enthousiasme, en leur représentant avec bonté, qu'ils avaient à ce moment d'autres affaires. Orlof avait couru vers le régiment d'artillerie, troupe nombreuse et très-redoutée, dont presque tous les soldats portaient une marque d'honneur, pour s'être trouvés aux sanglantes batailles contre le roi de Prusse. Il présumait assez du crédit que sa place de trésorier dans ce corps lui donnerait sur les soldats, pour espérer de leur faire prendre les armes; mais ils refusèrent de lui obéir, et demandèrent ce que disait leur général.

C'était Villebois, Français réfugié, grand-maître de l'artillerie et du génie, homme d'une valeur signalée, et d'une probité rare. Quelque temps, aimé de Catherine, il croyait l'être encore. C'est par lui qu'elle avait fait, dans le temps même de ses disgrâces, donner à Orlof l'emploi de trésorier, si utile à ses desseins. Mais Orlof, voulant, sans doute, rompre les liaisons de cet homme avec l'impératrice, l'avait exclu de la conjuration. Il était, à ce moment, à travailler avec des ingénieurs. Un

des conjurés vint lui dire, « que l'impéra-
» trice, sa souveraine, lui commandait
» de la venir trouver aux casernes des
» gardes. » Villebois, étonné de cet ordre, demanda, « est-ce que l'empereur est
» mort ? » L'émissaire, sans répondre, recommença les mêmes paroles ; et Villebois, se retournant vers les ingénieurs, leur dit : « tout homme est mortel », et suivit l'aide-de-camp.

Villebois, qui jusqu'à ce moment s'était flatté d'être aimé de Catherine, en arrivant aux casernes, et la voyant environnée de cette foule, sentit, avec un mortel dépit, qu'un si grand projet s'était tramé sans qu'il en eût même été confident. Il adorait sa souveraine, et, cherchant à envelopper bien des sortes de reproches, sous l'excuse feinte ou réelle des difficultés qu'il trouverait à seconder cette entreprise, par le malheur de n'avoir pas été dans le secret :

« Vous auriez dû prévoir, madame, ajouta» t-il.... » Elle se pressa de l'interrompre, et lui répondit avec la fierté la plus sévère: « Je ne vous ai pas envoyé chercher pour » savoir de vous ce que j'aurais dû pré» voir, mais pour vous demander ce que » vous voulez faire? » Il tomba à ses genoux en lui disant: « vous obéir, ma» dame; » et il partit pour aller faire prendre les armes au régiment d'artillerie, et donner à l'impératrice tous les arsenaux.

De tous ceux à qui on connaissait de l'attachement pour l'empereur, le seul prince Georges de Holstein, son oncle, était à la ville. Un aide-de-camp vint l'avertir qu'il y avait une émeute aux casernes; il s'habillait en hâte, quand il fut arrêté avec sa famille.

L'impératrice, déjà environnée de dix mille hommes, remonta dans sa même voiture, et, connaissant le génie de son peuple, elle les mena à la principale église de la ville, où elle descendit pour faire sa prière. De-là, elle se rendit dans un vaste palais, qui d'un côté borde la rivière, et de l'autre, domine sur une place immense. Ce palais fut entourré par les soldats, autant qu'il pouvait l'être. On plaça à l'entrée de chaque rue des canons, la mêche prête. Les carrefours et les autres places furent coupés par des corps-de-garde; et, pour ôter à l'empereur toute connaissance de ce qui se passait, on ferma, par un détachement, un pont qui, à la sortie de Pétersbourg, conduit à la campagne où ce prince était; mais il était trop tard. Dans une si grande ville, un seul homme, un étranger avait songé à avertir l'empereur: il se nommait Bressan, né dans la principauté de Monaco, d'une famille originaire de ce pays, mais naturalisé en France; il s'était prévalu en Russie, du nom de Français, afin d'y trouver plus d'accueil et de protection: homme intelligent et honnête, que l'empereur avait pris dans le métier de perruquier, pour le porter à la plus haute fortune, et qui, du moins en cette occasion, justifia, par sa fidélité, l'excès de cette faveur. Il avait envoyé un valet habile travesti en paysan, monté sur une petite voiture des gens de la campagne, et, croyant, en un tel moment, devoir se défier de tous ceux qui environnaient l'empereur, il avait commandé à cet émissaire de remettre son billet aux mains même du prince. Ce faux paysan venait de passer, quand le pont fut occupé par un détachement.

Un officier, avec une escorte nombreuse, courut, par ordre de l'impératrice, chercher le jeune grand-duc, qui était couché dans un autre palais. Cet enfant, déjà instruit des périls qui menaçaient ses jours, s'éveilla, environné de soldats, et marqua une terreur dont l'impression lui est long-temps restée. Le gouverneur Panine, qui, jusqu'à ce moment, était resté auprès de son pupile, le rassura, le prit dans ses bras, vêtu de ses habillemens de nuit, et l'apporta ainsi à sa mère. Elle le présenta sur un balcon, aux soldats et au peuple. Une foule innombrable était accourue. Tous les autres régimens de la ville s'étaient joints aux régimens des gardes. Les acclamations furent long-temps redoublées, et tous les bonnets de cette multitude furent à-la-fois jetés en l'air. Un bruit se répandait qu'on amenait l'empereur. La foule repoussée mais sans tumulte, s'ouvrait, se pressait, et dans un profond silence, faisait place à un cortége qui s'avançait lentement au milieu d'elle. C'était un grand enterrement qui avait traversé les principales rues, sans que jamais on ait su de qui était cet enterrement

rement. Des soldats, vêtus sur leur uniforme de casaques de deuil, portaient des flambaux; et pendant que l'attention s'occupait toute entière sur la place, ce cortége alla se perdre. Depuis on en a parlé à diverses reprises à la princesse d'Aschekof, dont l'unique réponse à toujours été : « nous avions bien pris nos précautions. »

Il est vraisemblable qu'on mit cette machine en jeu, pour répandre parmi le peuple et les esclaves, une opinion vague que l'empereur était mort; éloigner par-là, ne fût-ce que pour le premier moment, toute idée de résistance, et joignant ainsi la surprise à la séduction, rendre la proclamation générale et unanime. Et certainement, de cette multitude qui inondait les rues et la place, à peine vingt personnes, même dans le palais, savaient précisément ce qu'on faisait. Le peuple, les soldats, ne sachant pas si l'empereur vivait ou non, et répétant dans leurs acclamations le mot *houra*, qui n'est qu'un cri de joie, sans aucun autre sens, croyaient proclamer le jeune grand-duc empereur, et donner simplement la régence à sa mère. Plusieurs des conjurés se pressant, dans les premiers momens, d'avertir leurs amis, leur écrivirent cette fausse nouvelle. Ce tumulte en avait pris un air de joie : aucune idée d'injustice ne troublait la satisfaction publique, et les amis s'embrassaient en se félicitant.

Mais un manifeste qui se distribuait dans toute la ville, éclaircit bientôt le véritable dessein ; un manifeste imprimé, que le Piémontais Odard gardait depuis plusieurs jours danssa chambre, avec de mortelles terreurs ; et cet homme, le lendemain, disait, en paraissant respirer à son aise : « Enfin, je ne crains plus d'être roué. » Cet écrit annonçait « que l'impératrice » Catherine seconde, cédant à la prière

» de ses peuples, montait sur le trône » de sa chère patrie, pour la sauver de » sa ruine ; » et, en invectivant l'empereur, elle s'élevait avec indignation contre le roi de Prusse et contre le dépouillement des prêtres. Ainsi parlait une princesse allemande, qui a cimenté cette alliance et achevé ce dépouillement.

Tous les grands, apprenant cette nouvelle à leur réveil, accouraient au palais ; et ce n'était pas un des moindres spectacles de cette grande scène, que leurs physionomies pleines de joie et d'inquiétude, où l'empressement et le sourire se joignaient à la pâleur et à la crainte. Ils trouvaient, en entrant au palais, une messe solemnelle, des prêtres qui recevaient le serment de fidélité, et l'impératrice, qui employait tous les genres de séduction. On tenait en sa présence un conseil tumultueux sur ce qui devait suivre. Chacun, excité par le péril, et tâchant de se faire valoir, proposait et s'empressait d'exécuter ; et cessant bientôt d'avoir des précautions à prendre contre la ville, déjà soulevée toute entière, pouvant désormais laisser sans rien craindre Pétersbourg derrière soi, on résolut de mener, à l'instant même, toute cette armée contre l'empereur. Une grande rumeur, élevée parmi les soldats, interrompit ce conseil. Toujours alarmés sur les dangers de l'impératrice, toujours persuadés que les prétendus assassins envoyés pour la tuer, elle et son fils, allaient arriver à tout moment, ils la croyaient trop exposée dans ce vaste palais, dont la rivière baigne un des côtés, et qui, n'étant pas encore achevé, paraissait ouvert de toutes parts ; ils ne pouvaient, disaient-ils, y répondre d'elle. Ils demandaient à grands cris qu'on la fît passer dans un ancien palais de bois, beaucoup plus petit, qui donne sur la même place, et qu'ils pourraient environner des quatre côtés. L'impératrice traversa donc la place au milieu des plus tumultueuses acclamations. On distribuait aux soldats de la bière et de l'eau-de-vie. Tous avaient revêtu leur ancien uniforme, jetant avec risée un nouvel uniforme à la prussienne que l'empereur venait de donner, et qui laissait dans ces climats glacés, le soldat presque nud. On recevait avec des huées, ceux qui, accourant avec précipitation, avaient revêtu ce nouvel habit : et les nouveaux bonnets, renvoyés de main en main comme des ballons, devenaient un jeu pour la multitude.

Un seul régiment avait l'air sérieux et chagrin : c'était un fort beau régiment de cavalerie, dont l'empereur avait été colonel dès son enfance, qu'il avait fait venir à la ville aussitôt qu'il fut sur le trône, et auquel il avait donné rang parmi les régimens des gardes. Les officiers de ce corps avaient refusé de marcher ; ils étaient tous arrêtés ; c'était d'autres officiers d'uniformes différens qui menaient les soldats, dont la mauvaise volonté était évidente.

Vers midi, les chefs du clergé Russe, tous vieillards d'un aspect vénérable (on sait combien les moindre choses capables de frapper les imaginations, deviennent, dans ces momens décisifs, de la plus réelle importance), tous avec de belles chevelures blanches, de longues barbes blanches, tous vêtus avec éclat et dignité, portant les ornemens du sacre, la couronne, le globe impérial, les livres antiques, traversèrent, d'une marche tranquille et majestueuse, toute cette armée, à qui une impression de respect fit garder un moment de silence ; et ils montèrent au palais pour sacrer l'impératrice, et cette vue imprimait dans tous les cœurs je ne sais quel mouvement, qui semblait légitimer la violence et l'usurpation.

Aussitôt qu'elle fut sacrée, elle se revêtit de l'ancien uniforme des gardes, qu'elle emprunta d'un jeune officier de même taille qu'elle. Aux cérémonies imposantes de la religion, succéda une toilette guerrière, où les charmes de la galanterie ajoutèrent encore aux plus vifs intérêts, où cette femme jeune et belle, prit, avec les grâces les plus séduisantes, de tous les seigneurs qui l'environnaient, un chapeau, une épée, et sur-tout le cordon du premier ordre de l'Empire, que son mari avait quitté pour ne plus porter que l'ordre de Prusse. Dans cette nouvelle parure, elle monta à cheval à la porte de son palais, et ayant à ses côtés la princesse d'Aschekof, aussi à cheval, en habit des gardes, elle fit le tour de la place, s'annonça aux troupes, comme allant elle-même être leur général; et par son air riant et assuré, elle rendait à cette multitude la confiance qu'elle-même en recevait.

Les régimens commencèrent à défiler pour sortir de la ville et marcher vers l'empereur. L'impératrice rentra dans son palais et dîna près d'une fenêtre ouverte sur la place. En tenant son verre, elle parut saluer les troupes, qui répondirent par une longue acclamation. Elle remonta à cheval, et partit à la tête de son armée.

Une ville entière s'était soulevée, une armée s'était révoltée sans le moindre désordre; et, après ce départ, il ne resta plus dans Pétersbourg aucune marque d'agitation. Vers six heures, un régiment de trois mille Cosaques, qui passait à quelque distance, et que les émissaires de l'impératrice rencontrèrent avant ceux de l'empereur, traversa la ville pour la suivre, bien armé, bien monté, les officiers d'une politesse remarquable. Cette marche avait un air de fête, qui portait dans toutes les imaginations l'idée du bonheur de l'impératrice, et ajoutait à la sécurité publique.

Une courte description géographique est nécessaire à l'intelligence des choses qui vont suivre. La rivière de Newa tombe dans la mer, à l'extrémité du golfe de Finlande, et semble le prolonger. A douze lieues avant son embouchure, et sur quelques îles, où la largeur de différens bras forme le plus beau coup-d'œil, est, depuis soixante ans, bâtie la ville de Pétersbourg, dans un terrain bas et marécageux, mais qui, par le peu de solidité des premiers édifices, construits à la hâte, et par la fréquence des incendies, est déjà, sous les ruines, haussé de plus de trois pieds. En descendant le fleuve, la rive droite est encore inculte et couverte de longues forêts.

La rive gauche est bordée d'une colline qui continue d'une hauteur toujours égale, jusqu'à l'endroit où les deux rivages s'ouvrent à perte de vue, et ne laissent plus entre eux qu'une vaste mer. A cet endroit, au haut de la colline, dans une situation délicieuse, est le château d'Oranienbaum. Le célèbre Menchikof l'a fait bâtir; et, à la disgrace de ce favori, la confiscation de ses biens le donna à la couronne. C'était la campagne particulière que l'empereur avait eue dans sa jeunesse. On y avait construit, pour son instruction, une espèce de forteresse, dont les remparts avaient à peine six pieds d'élévation : représentation faite pour donner à un jeune prince l'idée d'une grande fortification, et par elle-même inutile à toute défense. Dans ce même esprit, on y avait rassemblé un arsenal, inutile pour armer des troupes, et qui ne pouvait passer que pour un cabinet de raretés militaires, entre lesquels on gardait les plus beaux monumens de cet Empire, les drapeaux pris sur les Suédois et sur les Prussiens. L'empereur aimait singulièrement ce château ; et c'est là qu'il était avec trois mille hommes des troupes particulières de son duché de Holstein.

Vis-à-vis, et en point de vue de ce château, à l'embouchure même du fleuve, est bâtie sur une île la ville de Cromstadt. Les maisons, construites du tems de Pierre Ier, et toujours inhabitées, commencent à tomber en ruine. Le port en est sûr et commode, et se présente du côté de l'île qui regarde Oranienbaum. Tout ce côté est bien fortifié. Les fortifications de l'autre côté n'ont point été achevées ; mais on a rendu impraticable ce bras de rivière, déjà dangereux par lui-même, en y jetant d'énormes rochers. C'est dans le port de cette île qu'une grande partie de la flotte prête à faire voile en Holstein, bien pourvue de vivres, de munitions, et forte en équipages, était sous la main même de l'empereur. L'autre partie de la flotte, également sous sa main, était à Revel, ancienne ville, située plus loin, sur le golfe même.

Au long de cette colline qui borde la rivière, entre Oranienbaum et Pétersbourg, sont bâties, dans des bois agréables, et peu distantes l'une de l'autre, les maisons de plaisance des seigneurs russes. Au milieu d'elles est un superbe palais, que Pierre Ier fit bâtir, à son retour de France, espérant, à l'aide de la mer, imiter, dans ses jardins, les eaux de Versailles. C'est là qu'on était venu chercher l'impératrice; et son séjour, comme on voit, y était singulièrement choisi : entre Pétersbourg, où était la conjuration; Oranienbaum, où était la cour; et la côte voisine de Finlande, où aurait été son asile. C'était dans ce château, nommé Péterhoff, *cour de Pierre*, que l'empereur devait venir ce jour même, jour de Saint-Pierre, célébrer la fête dont lui-même portait le nom.

Ce prince était dans la plus parfaite sécurité. Quand on l'eut informé des indices d'une conjuration, et sur la nouvelle même qu'on avait arrêté un conjuré, il répondit: « C'est un fou. » Il était parti d'Oranienbaum, et venait gaiement dans une grande voiture ouverte, avec sa maîtresse, le ministre de Prusse, et un choix des plus jolies femmes. Tous les esprits paraissaient animés par les plaisirs de la fête; mais à Péterhoff, où il était près d'arriver, on était déjà dans la consternation. On s'était aperçu de l'évasion de l'impératrice. On l'avait cherchée vainement dans les jardins et dans les bois. Une sentinelle disait avoir vu, vers quatre heures du matin, deux dames sortir du parc. Ceux qui arrivaient de Pétersbourg, ne soupçonnant point ce qui, à leur départ, se passait dans les casernes, non-seulement n'apportaient aucune nouvelle, mais protestaient avec serment qu'il n'y avait rien de nouveau. Un de ceux-ci et un des chambellans de l'impératrice s'acheminèrent à pied sur la route par où l'empereur allait arriver. Ils rencontrèrent son favori, l'aide-de-camp Goudowits, qui le dévançait à cheval. Ils aimèrent mieux le charger de cette nouvelle. L'aide-de-camp retourna de toute vîtesse, fit arrêter la voiture, malgré l'empereur, qui criait : « Quelle est cette folie ? » et il s'approcha pour lui parler bas. L'empereur pâlit, et dit : « Qu'on me laisse descendre. » Il s'arrêta quelque temps sur la route, à questionner son aide-de-camp avec une extrême vivacité ; et apercevant près de là une porte du parc, il ordonna à toutes les dames de descendre, les laissa au milieu du chemin, surprises et effrayées de ce mouvement dont elles ignoraïent la cause, leur dit seulement de le rejoindre au château par les allées du parc, et remonta précipitamment en voiture avec quelques hommes. Il se fit mener avec une prodigieuse vîtesse, courut, en arrivant, à la chambre de l'impératrice, regarda sous le lit, ouvrit les armoires, sonda de sa canne le plafond et les boiseries; et, voyant accourir sa maîtresse environnée de toutes ces jeunes femmes, il lui cria: « Je vous disais bien » qu'elle était capable de tout. » Autour de lui, tous ses courtisans soupçonnant dans leur cœur la fatale vérité, gardaient un profond silence, soit qu'en défiance les uns des autres, ils sentissent déjà tout ce qu'ils devaient ménager, soit que même, en un tel moment, on craignît de déplaire à un souverain en l'effrayant. Les derniers valets, instruits par les paysans qu'ils avaient rencontrés dans les bois, ou par leurs propres conjectures, se racontaient déjà entre eux ce qui se passait à Pétersbourg, que la cour ne paraissait en rien soupçonner. Un laquais étranger, arrivant de la ville (c'était un jeune Français, qui, plein des idées de son pays, ayant vu commencer le mouvement, n'en avait point imaginé l'objet), très-étonné de la consternation qu'il trouva à Péterhoff, vint, avec précipitation, dire « que l'impératrice n'était pas perdue, » qu'elle était à Pétersbourg, et que la » fête de Saint-Pierre y serait magnifique, » car toutes les troupes avaient pris les » armes. » Pendant que l'empereur, dans la naïveté de ce récit, entrevoyait que son règne était passé, à la faveur du désordre, un paysan entra, faisant, à la manière du pays, nombre de signes de croix et de prosternations, aborda l'empereur en silence, tira

tira de son sein un billet, et le lui remit en levant les yeux au ciel. C'était ce valet travesti, qui, obéissant aux ordres de son maître, de ne remettre ce billet qu'au prince même, avait déjà vainement cherché à l'aborder dans les bois. Tout le monde, dans le silence et l'incertitude, entoura l'empereur, qui, ayant lu ce billet d'un coup d'œil, le relut tout haut. Il était conçu en ces termes : « Les régimens des » gardes sont soulevés, l'impératrice est à » leur tête ; neuf heures sonnent ; elle entre » dans l'église de Cazan ; tout le peuple » paraît suivre ce mouvement, et les fidèles » sujets de votre majesté ne se montrent » point. » L'empereur s'écria : « Eh bien, » messieurs, vous voyez que j'avais rai- » son. » Aussitôt, l'homme principal de l'Empire, le grand chancelier Woronsof, ayant parlé de son crédit sur l'esprit du peuple et sur celui de l'impératrice, se proposa pour aller à Pétersbourg ; et en effet, en arrivant vers l'impératrice, il lui représenta avec sagesse toutes les suites de cette entreprise. Elle répondit, en montrant le peuple et l'armée : « Ce n'est pas moi, c'est » la nation entière. » Le grand-chancelier répondit qu'il le voyait bien, lui prêta serment, et se pressa d'ajouter : « que ne » pouvant la servir dans une expédition » militaire, et craignant, après les repré- » sentations qu'il venait de faire, de lui » être suspect, il la suppliait de le mettre » aux arrêts chez lui, sous la garde d'un » officier qui ne le quittât pas » : et ainsi, quel que fût l'événement, il se trouvait assuré des deux côtés.

Cependant, l'empereur envoya ordre à ses troupes de Holstein de venir en hâte avec du canon. On dépêcha des hussards sur tous les chemins de Pétersbourg, pour avoir des nouvelles ; dans tous les villages voisins, pour en rassembler les paysans ; et vers tous les régimens qui défilaient aux environs, pour les faire venir, s'il était temps encore. Il nomma pour généralissime ce chambellan de l'impératrice, qui était venu au-devant de lui l'avertir de l'évasion. Il ordonnait qu'on allât à Pétersbourg chercher son régiment, et plusieurs saisirent ce prétexte pour le quitter. Il courait à grands pas, comme un homme dont la tête se perd. Il ordonnait qu'on allât tuer l'impératrice. Il demandait fréquemment à boire. Il dicta contre elle deux longs manifestes, remplis des plus sanglantes invectives. Il occupait un grand nombre de courtisans à les transcrire, et des hussards à en aller distribuer des copies. Enfin, dans cette extrémité, il se résolut à quitter l'uniforme et le cordon prussien, et reprit les marques de l'Empire russe.

Toute cette cour se promenait dans les

jardins, éparse et consternée ; mais Munick voulut sauver son bienfaiteur. La réputation de ses anciennes victoires l'avait fait admettre dans cette cour, si follement militaire ; et n'y trouvant, après vingt ans d'exil, que ces nouveaux exercices, devenus la manie universelle de l'Europe, et où le plus jeune lieutenant surpasse à coup sûr le plus vieux général, il avait jusques-là gardé le silence. Mais, dans les périls pressans, les grands talens reprennent d'eux-mêmes tout leur ascendant ; et sans doute il se promettait, en sauvant l'empereur, de devenir encore une fois maître de l'Empire. Il fit calculer à ce prince et le temps et les forces de l'impératrice, annonça » qu'elle arriverait dans quelques heures, » avec vingt mille hommes et une artillerie » formidable ; prouva que ni Péterhoff, où » on était, ni les environs, ne pouvaient » être mis en défense; ajouta, par la connais-

» sance qu'il avait du soldat russe, qu'une „ légère résistance ne servirait qu'à faire „ massacrer l'empereur et les femmes qui „ l'accompagnaient; que son salut et la vic- „ toire étaient à Cromstadt; qu'il y avait une „ garnison nombreuse et une flotte prête ; „ que toutes les femmes qu'il avait auprès de „ lui, deviendraient autant d'ôtages ; que „ tout consistait à gagner un seul jour ; que „ ce mouvement populaire , cette émeute „ d'une nuit , se dissiperaient d'eux- „ même, ou que s'ils duraient, l'empe- „ reur pourrait opposer des forces pour „ le moins égales, et faire trembler Péters- „ bourg. „

Ce conseil ranima tous les esprits. Ceux-même qui avaient déjà médité leur évasion, voyant l'événement devenir incertain, se résolurent à suivre l'empereur, pour demeurer attachés à sa fortune , s'il avait l'avantage, ou pour épier l'occasion, s'il succombait, de le trahir utilement pour eux. Un général qui lui était dévoué, fut envoyé à Cromstadt, prendre le commandement de cette ville, et un aide-de-camp revint annoncer, « que la garnison était » demeurée dans son devoir ; qu'elle était » déterminée à mourir pour l'empereur, » qu'il y était attendu, et qu'on y travaillait » avec le plus grand zèle à se préparer à une » défense. » Dans l'intervalle, ses troupes holstenaises étaient arrivées, et la certitude d'un asile lui donnant quelque sécurité, il voulut qu'elles fussent mises en bataille. Sa manie militaire le prenant, il dit, « qu'il ne fallait pas fuir avant d'avoir » vu l'ennemi. » On avait fait approcher du rivage deux *yachts* ; et comme on tâchait vainement de le déterminer à s'embarquer, on employa, pour l'y résoudre, les bouffons et les valets favoris, mais il les traitait de poltrons. Il examinait quel parti on pourrait tirer de quelques petites hauteurs. Pendant qu'il perdait du temps en ces vaines dispositions, on apprit, par des hussards enlevés sur ceux de l'impératrice, qui s'étaient avancés pour reconnaître, que rien, dans Pétersbourg, ne s'était opposé à cette princesse, et qu'elle était à la tête de vingt mille hommes. Huit heures sonnant, un aide-de-camp vint, à toute bride, annoncer que cette armée, en ordre de bataille, était en marche sur Péterhoff. A cette nouvelle, l'empereur, suivi de toute sa cour, se précipita vers le rivage; on se jeta dans les deux *yachts*, tout s'embarqua à la hâte; et le redoutable parti, que Munick avait conseillé, ne fut suivi que par épouvante. Peut-être ne doit-on pas omettre un trait, qui ne serait rien en lui-même, s'il ne démontrait pas avec quelle profonde indifférence on peut être témoin de ces terribles événemens. Un témoin oculaire de cette fuite, qui resta tranquillement au rivage, l'ayant racontée le lendemain, on lui demanda comment son maître, s'embarquant pour disputer sa couronne et sa vie, il avait pu ne le pas suivre? Il répondit : « en effet, je fus près de m'embar-» quer, mais il était tard; le vent était au » nord, et je n'avais point de manteau. »

On fuyait vers Cromstadt, à force de rames et de voiles; mais depuis la réponse de l'aide-de-camp, il était arrivé, dans cette ville, un étrange changement. Dans le conseil tumultueux qui, le matin, au milieu du soulèvement même, s'était tenu à Pétersbourg, on avait long-temps oublié la ville de Cromstadt. Ce fut un jeune officier allemand qui, le premier, en prononça le nom; et ce seul mot lui a valu de justes récompenses. Un Russe, le vice-amiral Talizine, se chargea d'aller dans cette ville, et partit seul dans une chaloupe. Il défendit à ses rameurs, sous peine de la vie, de dire d'où il venait. Comme il arrivait à Cromstadt, le commandant, qui avait donné ordre de ne rien laisser entrer sans son aveu, vint lui-même à sa rencontre; et le voyant seul, le laissa descendre. Il lui demande des nouvelles : Talizine répond, « qu'il n'en sait point; qu'à sa maison de » campagne où il était, il a entendu dire, » qu'il y avait des mouvemens à Pétersbourg; et que, comme son poste est sur » la flotte, il est venu s'y rendre en droiture. » Le commandant le crut; mais aussitôt qu'il eut quitté Talizine, celui-ci rassemble quelques soldats, leur propose d'arrêter cette homme, leur dit, « que » l'empereur est détrôné; qu'il faut se » faire un mérite de donner Cromstadt à » l'impératrice, et que leur fortune est » sûre ». Ils le suivirent. Il arrêta le com-

mandant; et ayant assemblé la garnison, et les troupes de mer, il les harangue, et leur fait prêter serment à l'impératrice. Déjà on apercevait, de loin, les deux galères impériales; et Talizine, maître de cette ville, par un coup d'audace, sentit que la seule vue de l'empereur remettait tout en péril, et qu'il fallait enlever tous les esprits à eux-mêmes. Aussitôt, par ses ordres, la cloche d'alarme sonne dans la ville; la garnison entière, prête à faire feu, borde les remparts; deux cents mèches brûlent sur l'amorce d'autant de canons. Vers dix heures du soir, le *yacht* de l'empereur arrive, et se dispose à jeter un pont. On crie : « Qui vive? » L'empe-
» reur.— Il n'y a plus d'empereur. » A ce terrible mot, il se lève, s'avance; et ouvrant son manteau, pour montrer son ordre, il dit : « c'est moi; reconnaissez-moi, » et se prépare à sortir. Toute la garde,

jointe à la sentinelle, présentait les bayonnettes ; le commandant menace de faire feu, si on ne s'éloigne pas : l'empereur tombe dans les bras de ceux qui le suivaient ; et, du port, Talizine crie aux deux *yachts* de s'éloigner, sinon qu'on va tirer le canon sur eux. Toute cette multitude répète, « loin la galère, loin la galère, » avec tant de rage, que le capitaine, sous la nuée de boulets qui l'allait fracasser, prit un porte-voix, cria : « on va s'éloigner ; laissez-» nous le temps de dérader. » Et, pour fuir plus vîte, fit couper les cables. Au cri du porte-voix, il se fit dans la ville un silence horrible ; et au départ de la galère, un cri plus horrible encore de « vive l'impératrice » Catherine. » Pendant qu'on fuyait, de toute la force des rameurs, l'empereur disait, en pleurant, « le complot est géné-» ral ; j'ai vu ce complot-là dès le premier » jour de mon règne. » Il descendit, presque mourant, dans la chambre du *yacht*, où sa maîtresse, et le père de cette fille, furent les seuls qui le suivirent. Les deux vaisseaux, arrivés hors la portée du canon, s'arrêtèrent; et ne recevant aucun ordre, ils attendaient et demeuraient à battre l'eau. La nuit, qui était calme, se passa ainsi toute entière, Munick se tenant, avec tranquillité sur le tillac, à regarder cette belle nuit; et, tant il est vrai que le plaisant peut se joindre au terrible, quelques-unes de ces jeunes femmes, à ce qu'elles-mêmes ont raconté, se disaient, tout bas entre elles, le proverbe comique : « qu'allions-» nous faire dans cette galère ? »

Lorsque toutes les troupes de l'impératrice furent sorties de la ville, et mises en bataille, il était trop tard pour que l'armée fît, le même jour, beaucoup de chemin. Cette princesse, fatiguée de la nuit précédente et d'un tel jour, se reposa quelques heures dans un château, sur la route. A son arrivée dans ce lieu, elle avait demandé quelques rafraîchissemens, et en avait offert une partie à de simples officiers, qui s'empressaient à la servir; elle leur disait : « Je ne veux rien « avoir que pour le partager avec vous. »

On croyait marcher contre les troupes holstenaises, qui avaient été mises en bataille au-devant de Péterhoff; mais, après l'embarquement de l'empereur, elles avaient reçu ordre de retourner à Oranienbaum, et Péterhoff était évacué. Cependant, les paysans des villages voisins qu'on avait envoyés rassembler, y étaient arrivés, armés de fourches et de faulx, et ne trouvant ni troupes, ni ordres, attendaient, pêle-mêle, ce qu'on voudrait d'eux, sous le commandement des hussards qui les avaient rassemblés. Orlof, qui, le premier volontaire de l'armée, s'avançait, vers cinq heures du matin, pour reconnaître, tomba, à coups de plat de sabre, sur ces pauvres gens, en criant : *Vive l'impératrice !* Ils s'enfuirent en jetant leurs armes, et en répétant : *Vive l'impératrice !* L'armée s'étant donc avancée, sans aucun obstacle, au-delà de Péterhoff, l'impératrice rentra en souveraine dans ce château, d'où elle s'était évadée vingt-quatre heures auparavant.

Cependant, l'empereur, resté sur l'eau, et d'une si vaste puissance réduit, en si peu d'heures, à deux *yachts* de promenade, son inutile forteresse d'Oranienbaum, et quelques troupes étrangères découragées, sans munitions et sans vivres, entre une flotte prête à le foudroyer, une armée dans la première rage de la sédition, et deux villes qui le rejetaient, fit appeler, dans la chambre de son navire, le feld-maréchal Munick, et lui dit : « Feld-» Maréchal, j'aurais dû plutôt suivre vos

» conseils ; mais enfin, vous qui avez vu » tant d'extrémités, qu'ai-je encore à » faire ? » Munick répondit que rien n'était perdu : « Qu'il fallait, sans tarder un » instant, forcer de rames vers Revel, y » prendre un vaisseau de guerre, faire » voîle en Prusse, où était son armée, » rentrer dans ses états avec quatre-vingt-» mille hommes, et qu'il jurait qu'avant » six semaines, il lui rendrait son Empire » soumis. » Les courtisans et les jeunes femmes étaient entrés avec Munick, pour entendre de sa bouche ce qui restait à espérer ; ils répondirent que les forces des rameurs ne suffisaient pas pour aller à Revel « Eh bien, dit Munick, nous ra-» merons tous avec eux. » Toute la cour frémit à cette proposition ; et soit que la flatterie n'abandonnât pas encore ce malheureux prince, soit qu'il fût environné par la trahison ; car, à quoi distinguer la différence de leurs langages ? on lui représenta « qu'il était bien loin d'être réduit » à une pareille extrémité ; qu'il ne con- » venoit pas à un si puissant empereur » de sortir de ses états sur un seul vais- » seau ; qu'il n'était pas possible que la » nation fût soulevée contre lui, et que, » certainement, tout ce qu'on voulait, » par cette émeute, c'était de le réconcilier » avec sa femme. »

Pierre se résolut au raccommodement; et, comme un homme qui va accorder un pardon, il se fit descendre à Oranienbaum. Mais ses domestiques éplorés étant venus le recevoir au rivage, il leur dit : » Mes enfans, nous ne sommes plus rien ; Et leur consternation lui rendit toute la sienne. Il apprit d'eux que l'armée de l'impératrice était déjà tout près, et aussitôt il fit secrètement seller le plus vîte de ses chevaux, résolu de s'enfuir seul

et

et déguisé, en gagnant la Pologne. Mais l'agitation de ses pensées le rejetant bientôt dans l'indécision, sa maîtresse, séduite par l'espérance de trouver un asile, et peut-être en même temps un trône pour elle-même, lui persuada d'envoyer demander à l'impératrice de les laisser partir ensemble pour le duché de Holstein. C'était, selon elle, tout accorder à l'impératrice, qui n'avait à desirer rien de plus qu'un accommodement aussi favorable pour son ambition ; et si les domestiques de l'empereur s'écriaient : « Notre père, elle vous fera mourir ; » sa maîtresse leur répondait : « Pourquoi voulez-vous effrayer votre » maître ? »

Ce fut sa dernière résolution ; et aussitôt, sur les représentations générales que l'unique manière d'éviter la première furie des soldats, était de ne leur faire aucune résistance, il donna ordre de démanteler tout ce qui aurait été propre à quelque légère défense, fit démonter les canons, séparer ses soldats, et mettre leurs armes à terre. A ce spectacle, Munick, saisi d'indignation, lui demanda « s'il ne savait » donc pas mourir en empereur, à la tête » de ses troupes ? Si vous avez peur d'être » sabré, lui dit-il, prenez un crucifix en » main, ils n'oseront vous toucher ; et » moi, je me charge du combat. » L'empereur persista dans sa résolution. Il écrivit à son épouse qu'il lui abandonnait l'Empire de Russie, et lui demanda de le laisser retirer dans son duché de Holstein avec la *fraile* Woronsof, et son aide-de-camp Goudowits.

Le chambellan, qu'il avait nommé son généralissime, fut chargé de cette lettre ; et cependant, tous ceux des courtisans de ce prince qui purent trouver de petites barques, s'y jetèrent, et se pressant de l'abandonner, furent grossir la nouvelle cour.

L'impératrice, pour réponse, lui envoya à signer une renonciation, conçue en ces termes :

« Durant le peu de temps de mon règne » absolu sur l'Empire de Russie, j'ai re- » connu en effet que mes forces ne suffi- » saient pas pour un tel fardeau, et qu'il » était au-dessus de moi de gouverner cet » Empire, non-seulement souverainement, » mais de quelque façon que ce fût ; aussi » en ai-je aperçu l'ébranlement, qui au- » rait été suivi de sa ruine totale, et m'au- » rait couvert d'une honte éternelle. Après » avoir donc mûrement réfléchi là-dessus, » je déclare, sans aucune contrainte, et » solemnellement, à l'Empire de Russie » et à tout l'Univers, que je renonce, pour » toute ma vie, au gouvernement dudit » Empire, ne souhaitant d'y régner, ni

» souverainement, ni sous aucune autre » forme de gouvernement, sans aspirer » même d'y parvenir jamais, par quelque » secours que ce puisse être. En foi de quoi, » je fais un serment, devant Dieu et tout » l'Univers, ayant écrit et signé cette re- » nonciation de ma propre main. »

Que restait-il à craindre d'un homme qui se diffama, au point de transcrire et de signer un tel écrit ? Ou que faut-il penser d'une Nation chez qui cet homme était encore à craindre ?

Le même chambellan, après avoir porté cette renonciation à l'impératrice, revint aussitôt faire désarmer les soldats holstenais, qui rendirent leurs armes avec rage, et furent enfermés dans des granges; ensuite, il fit monter dans un carrosse l'empereur, sa maîtresse et son favori, et les amena, sans aucune escorte, à Péterhoff.

Pierre, se remettant lui-même entre les

mains de son épouse, n'était pas sans espérance. Les premières troupes qu'il rencontra ne l'avaient jamais vu : c'était ces trois mille Cosaques que le hasard seul avait amenés à cet événement ; ils gardèrent un profond silence, et l'émotion dont il ne put se défendre à leur aspect, ne lui causa aucun trouble. Mais, dès que l'armée l'aperçut, les cris unanimes de « vive Catherine » commencèrent de toutes parts. Ce fut au milieu de cette nouvelle proclamation, continuée avec fureur, qu'il traversa tous les régimens. Sa tête se perdit. On arriva au grand escalier, et, à la descente du carrosse, sa maîtresse fut enlevée par des soldats, qui déchirèrent son cordon sur elle. Son favori fut enveloppé avec des cris de risée, répondant aux soldats avec fierté, et leur reprochant leur crime. L'empereur monta seul avec un mouvement de rage. On lui dit : « désha-

» bille-toi ; » et aucun de ces rebelles ne portant la main sur sa personne, il arracha lui-même son cordon, son épée, son habit, en disant : « Me voilà donc entre » vos mains. » On le laissa quelques instans en chemise et nuds pieds, exposé à la risée des soldats. Ainsi Pierre fut séparé pour jamais de sa maîtresse et de son favori, et, peu de momens après, tous trois furent emmenés de différens côtés, sous de fortes escortes.

La ville de Pétersbourg était dans l'attente depuis le départ de l'impératrice ; on fut vingt-quatre heures sans y recevoir aucune nouvelle ; et déjà on sentait, aux différens bruits qui se répandaient, que, sur les plus légères espérances, l'empereur y aurait encore trouvé des partisans. Les étrangers n'étaient pas sans quelque terreur, instruits que les vrais Russes, détestant, et les nouvelles mœurs, et tout ce qui leur vient des autres pays, ont quelquefois demandé à leurs souverains, pour récompense, la permission de massacrer les étrangers : quel que fût l'événement, ils redoutaient la licence ou la furie des soldats. Vers cinq heures du soir, on entendit un bruit éloigné de canons ; l'attention fut générale ; on distingua bientôt, par les intervalles égaux de chaque coup, que c'était une salve de réjouissances ; on conjectura l'événement ; et dès-lors on ne vit plus dans tous les esprits qu'une même disposition.

L'impératrice coucha à Péterhoff, et le lendemain, à son lever, ses anciennes confidentes, qui l'avaient abandonnée dans ses malheurs ; les jeunes femmes qui avaient toujours suivi l'empereur ; les courtisans qui, pour gouverner ce prince, entretenaient, depuis tant d'années, sa haine contre son épouse, vinrent tous ensemble poser leurs fronts en terre devant elle. Un grand nombre étaient parens de la *fraile* Woronsof; et, en les voyant à terre, la princesse d'Aschekof, sa sœur, s'y jeta avec eux, en disant : « Madame, voilà ma » famille, que je vous ai sacrifiée. » L'impératrice les reçut tous avec la plus séduisante indulgence. En leur présence, elle donna à la princesse le cordon et les pierreries de sa sœur. Munick était dans cette foule : elle lui dit : « Vous avez voulu » me combattre. » Il répondit : « Oui, » madame, et maintenant mon devoir est » de combattre pour vous. » Elle lui montra tant d'estime et de bonté, que bientôt, admirant le génie de cette princesse, il offrit de lui communiquer, dans des entretiens suivis, tout ce que ses longues années, passées dans la pratique des arts, la guerre, le ministère, et l'exil, lui avaient acquis de connaissance sur toutes les parties de ce vaste Empire, soit qu'il fût touché de cet accueil généreux et inattendu, soit, comme on l'a cru, que son ambition fît encore cette tentative.

Ce même jour, le retour en ville fut un triomphe, et les soldats, dans leur joie, furent contenus dans une discipline aussi exacte que dans leur émeute.

L'impératrice était un peu échauffée: une ébulition de sang couvrait sa peau de petites rougeurs. Elle passa quelques jours à se rafraîchir. C'était un spectacle digne d'attention que cette nouvelle cour, où la joie d'un si grand succès n'empêchait pas qu'on ne fût de toutes parts sur ses gardes; les plus exactes précautions régnaient au milieu du désordre, où les courtisans cherchaient déjà à regagner, par la science de la cour, l'avantage sur ces conjurés empressés, fiers du service qu'ils venaient de rendre; où les rangs dans la faveur de la souveraine n'étant pas encore marqués, chacun voulait paraître ce qu'il prétendait devenir. Ce fut dans ces premiers jours, que la princesse d'Aschekof, entrant chez l'impératrice avec une liberté trop familière, aperçut avec surprise Orlof sur une chaise longue, la jambe nue, et l'impératrice pansant elle-même une contusion qu'il avait reçue à cette jambe. La princesse fit des représentations sur un tel excès de bonté ; et bientôt, mieux instruite, elle prit le ton d'un censeur sévère. Ses projets de liberté, son empressement à se mêler des affaires, ce qu'on apprit des pays étrangers, où, de toutes parts, on lui attribuait l'honneur de la conjuration, tandis que Catherine voulait paraître avoir été élue, et parvenait peut-être à se le persuader ; enfin tout déplut ; et sa disgrace était déjà résolue daus les jours d'une brillante faveur qu'on accordait à la décence.

Orlof ne tarda pas à fixer l'attention générale. On remarquait entre l'impératrice et cet homme, jusqu'alors inconnu, cette familiarité tendre qui suit une ancienne liaison. L'étonnement de la cour fut extrême. Les grands, dont plusieurs croyaient avoir des droits acquis sur le cœur de leur souveraine, ne concevaient pas que, malgré son obscurité même, ce rival leur fût échappé, et voyaient avec le plus violent dépit, qu'ils n'avaient travaillé que pour son élévation. Soit audace de sa part, soit dessein de faire taire ses rivaux, ou concert avec sa maîtresse pour justifier la grandeur qu'elle lui destinait, il osa lui dire, dans un dîner public » qu'il était » maître absolu des gardes, et que pour la » détrôner, il n'avait qu'à vouloir. » Tous les spectateurs s'en offensèrent, quelques-uns répondirent avec indignation; mais de si bons serviteurs furent mauvais courtisans : ils se sont perdus, et l'ambition d'Orlof ne reconnut aucun terme.

La ville de Moscou, capitale de l'Empire, reçut la nouvelle de la révolution d'une manière qui donna beaucoup d'inquiétude. C'est dans cette grande ville qu'habite véritablement la nation Moscovite, Pétersbourg étant seulement la résidence de la cour. Cinq régimens composaient la garnison, et le gouverneur ayant fait donner à chaque soldat vingt coups à tirer, les assembla sur la grande place de l'ancien palais des Czars, vieille citadelle, nommée le Crémeline, élevée il y a quatre siècles, et le premier berceau de la puissance Moscovite. Il y manda tout le peuple, qui, alarmé de la distribution des cartouches, mais attiré par la curiosité, s'y rendit de toutes parts, et entra en aussi grande foule que la forteresse en put contenir. Alors le gouverneur lut à haute voix le manifeste par lequel l'impératrice annonçait son avénement et la chûte de son mari; et quand il eut fini cette lecture, il cria : » Vive l'impératrice Catherine » seconde; » mais toute cette foule et les cinq régimens gardèrent un profond silence. Il recommença le même cri; le même silence continua. Il ne fut interrompu que par une rumeur sourde des soldats, qui murmuraient entre eux de ce que les régimens des gardes disposaient du trône à leur volonté. Le gouverneur pressa vivement les officiers qui l'entourraient de se joindre à lui : ils recommencèrent ensemble le cri de « vive l'impératrice, » en tremblant d'être massacrés par les soldats et par le peuple, et aussitôt il fit séparer les troupes.

Six jours s'étaient déjà passés depuis la révolution, et ce grand événement paraissait fini, sans qu'aucune violence eût laissé d'odieuses impressions. Pierre était gardé dans une maison agréable nommée Robschak, à six lieues de Pétersbourg. En chemin, il avait demandé des cartes, il en avait construit une espèce de fort, en disant : « Je n'en verrai plus de » ma vie. » Arrivé à cette campagne, il avait fait demander son violon, son chien et son nègre.

Mais les soldats étaient étonnés de ce qu'ils avaient fait : ils ne concevaient pas par quel enchantement on les avait conduits jusqu'à détrôner le petit-fils de Pierre-le-Grand, pour donner sa couronne à une Allemande. La plupart, sans projet et sans idée, avaient été entraînés par le mouvement des autres; et chacun, rentré dans sa bassesse, après que le plaisir de disposer d'une couronne fut évanoui, ne sentit plus que des remords. Les matelots, qu'on n'avait point intéressés dans le soulèvement, reprochaient publiquement aux gardes, dans les cabarets, d'avoir vendu leur empereur pour de la bière. La pitié, qui justifie même les plus grands criminels, se faisait entendre dans tous les cœurs. Une nuit, une troupe de soldats attachés à l'impératrice, s'ameuta, par une vaine crainte, disant « que leur mère était en danger. » Il fallut la réveiller pour qu'ils la vissent. La nuit suivante, nouvelle émeute, plus dangereuse. Tant que la vie de l'empereur laissait un prétexte aux inquiétudes, on pensa qu'on n'aurait point de tranquillité.

Un des comtes Orlof, car, dès le premier jour, ce titre leur fut donné, ce même soldat., surnommé le balafré, qui avait soustrait le billet de la princesse d'Aschekof, et un nommé Téplof, parvenu des plus bas emplois,. par un art singulier de perdre ses rivaux, furent ensemble vers ce malheureux prince : ils lui annoncèrent, en entrant, qu'ils étaient venus pour dîner avec lui; et, selon l'usage des Russes, on apporta, avant le repas, des verres d'eau-de-vie. Celui que but l'empereur était un verre de poison. Soit qu'ils eussent hâte de rapporter leur nouvelle, soit que l'horreur même de leur action la leur fît précipiter, ils voulurent, un moment après, lui verser un second verre. Déjà ses entrailles brûlaient, et l'atrocité de leurs physionomies les lui rendant suspects, il refusa ce verre : ils mirent de la violence à le lui faire prendre, et lui, à les repousser. Dans cet horrible débat, pour étouffer ses cris, qui commençaient à se faire entendre au loin, ils se précipitèrent sur lui, le saisirent à la gorge, et le renversèrent; mais comme il se défendait avec toutes les forces que donnent le dernier désespoir, et qu'ils évitaient de lui porter aucune blessure, réduits à craindre pour eux-mêmes, ils appelèrent à leur secours deux officiers chargés de de sa garde, qui, à ce moment, se tenaient en dehors, à la porte de sa prison. C'était le plus jeune des princes Baratinski, et un nommé Potemkine, âgé de dix-sept ans. Ils avaient montré tant de zèle dans la conspiration, que, malgré leur extrême jeunesse, on les avait chargés de cette garde : ils accoururent, et trois de ces meurtriers ayant noué et serré une serviette autour du cou de ce malheureux empereur, tandis qu'Orlof, de ses deux genoux, lui pressait la poitrine et le tenait étouffé, ils achevèrent ainsi de l'étrangler, et il demeura sans vie entre leurs mains.

On ne sait pas avec certitude quelle part l'impératrice eut à cet événement ; mais ce qu'on peut assurer, c'est que le jour même qu'il se passa, cette princesse commençant son dîner avec beaucoup de gaieté, on vit entrer ce même Orlof échevelé, couvert de sueur et de poussière, ses habits déchirés, sa physionomie agitée, pleine d'horreur et de précipitation. En entrant, ses yeux étincelans et troublés cherchèrent les yeux de l'impératrice. Elle se leva en silence, passa dans un cabinet où il la suivit, et quelques instans après, elle y fit appeler le comte Panine, déjà nommé son ministre : elle lui apprit que l'empereur était mort, et le consulta sur la manière d'annoncer cette mort au public. Panine conseilla de laisser passer une nuit, et de répandre la nouvelle le lendemain, comme si on l'avait reçue pendant la nuit. Ce conseil ayant été agréé, l'impératrice rentra avec le même visage, et continua son dîner avec la même gaieté. Le lendemain, quand on eut répandu que Pierre était mort d'une colique hémorroïdale, elle parut baignée de pleurs, et publia sa douleur par un édit.

Le corps fut rapporté à Pétersbourg,

afin d'y être exposé. Le visage était noir, et le cou déchiré. Malgré ces horribles marques, pour assoupir les mouvemens qui commençaient à se faire craindre, et prévenir que des imposteurs n'agitassent un jour l'Empire sous son nom, on le laissa trois jours exposé à tout le peuple, sous les seuls ornemens d'un officier holstenais. Ses soldats, devenus libres, mais toujours désarmés, se mêlèrent parmi la foule, et en regardant leur souverain, leur air se remplissait de pitié, de mépris, et d'une sorte de regret mêlé de honte.

Aussitôt ils furent embarqués pour être reconduits dans leur patrie; mais, par une suite de leur cruelle destinée, une tempête fit périr presque tous ces malheureux. Quelques-uns s'étaient sauvés sur des rochers voisins de la côte; mais ils y furent submergés, pendant que le commandant de

Cromstadt envoyait demander, à Pétersbourg, s'il était permis de les secourir.

L'impératrice se pressa de faire partir tous les parens du feu empereur pour le Holstein; mais elle les renvoya avec honneur, et donna même l'administration de ce duché au prince Georges. Biren, qui avait fait à ce prince la cession de ses droits au duché de Courlande, se vit, par cet éloignement, rétabli dans ses prétentions; et l'impératrice voulant détruire le prince qui y régnait alors, voulant y dominer seule, pour n'avoir point d'obstacles à ses projets sur la Pologne, ne sachant que faire à sa cour d'un homme tel que Biren, le renvoya régner dans cette souveraineté. A la nouvelle de la révolution, Poniatouski la croyant devenue libre, voulut accourir auprès d'elle; mais, retenu par de plus sages conseils, il se rendit seulement sur les frontières, où il attendait, à chaque moment, la permission de se rendre à Pétersbourg. Il avait, depuis son départ, montré la passion la plus constante : on pourrait citer même un trait singulier de son amour. Ce jeune homme, parti de Russie avec précipitation, et sans avoir pu, dans un pays où les arts sont mal cultivés, avoir un portrait de sa maîtresse, était parvenu, de mémoire, et pour ainsi dire, sous sa dictée, à la faire peindre parfaitement ressemblante. Elle sut toujours, en flattant sa passion, le tenir éloigné, et bientôt elle employa les armées russes qui desirent toutes les occasions de séjourner en Pologne, à lui en donner la couronne : elle engagea la prince d'Anhalt-Zerbst, son frère, à ne plus servir aucune puissance ; mais elle le tint éloigné de sa cour, évitant avec un extrême soin tout ce qui pourrait rappeler aux Russes qu'elle est étrangère, et leur faire craindre de retomber sous le joug des Allemands. Tous les souverains s'empressèrent de la reconnaître : un seul, l'empereur de la Chine, qui a de vastes frontières communes avec la Russie, refusa de recevoir ses ambassadeurs, et fit répondre qu'il ne voulait avec elle ni alliance, ni commerce, ni aucune communication.

Un de ses premiers soins fut de rappeler l'ancien chancelier Bestuchef, qui s'honorant alors de son exil même, remplit toute la cour de ses portraits, en habit de disgracié. Elle punit sans rigueur le français Bressan, qui avait averti l'empereur ; elle lui laissa toute sa fortune, et parut seulement satisfaire à la jalousie des courtisans, en lui ôtant le cordon du troisième ordre de l'Empire. Elle ne tarda pas à faire sentir au comte Schouvalof qu'il devait s'éloigner, et fit la cruelle plaisanterie de donner à ce favori de la feue impératrice un vieux nègre bouffon, favori du feu empereur. Après avoir commencé à rétablir l'ordre dans toutes les parties de l'Etat, elle alla à Moscou se faire sacrer dans la chapelle des anciens Czars. Cette capitale la vit sans empressement et sans joie. Quand elle passait dans les rues, le peuple s'éloignait, mais son fils était toujours environné par la foule. Il y eut même des complots contre elle. Le piémontais Odart en fut le délateur : il trahit tous ses anciens amis, qui, déjà mécontens de l'impératrice, entrèrent dans ces nouvelles trames : il demanda de l'argent pour unique récompense. Sur toutes les propositions que lui fit l'impératrice de l'élever à des dignités, il répondit toujours : « Madame, donnez-» moi de l'argent ; » et dès qu'il en eut obtenu, il retourna dans son pays.

Elle fit, après six mois, revenir à sa cour, ce même Goudowitz qui avait montré de l'attachement à l'empereur, et on vit sa fidélité récompensée par les avances des plus jolies femmes. Elle accorda à la *fraile* Woronsof, son indigne rivale, la permission de venir à Moscou dans sa famille, où elle trouva sa sœur, la princesse d'Aschekof, à qui il ne restoit d'une si grande action qu'une grossesse, un morne dépit, et une triste connaissance des hommes.

Toute la sûreté de ce règne parut confiée aux seules mains des Orlofs. Le favori ne tarda pas à renverser le grand-maître d'artillerie Villebois, et en obtint pour lui-même la place et le régiment. Le balafré resta dans un régiment des gardes, avec un crédit dominant sur tout le corps, et un troisième frère eut la première place dans le sénat. Une catastrophe sanglante ayant terminé les jours du malheureux Ivane, l'impératrice n'eut plus à redouter sur son trône que son propre fils, contre lequel elle paraît s'assurer, en confiant la principale administration des affaires au comte Panine, toujours chargé de l'éducation de ce prince. Le crédit de ce ministre servant de contre-poids à la puissance d'Orlof, la cour fut divisée en deux partis, reste des deux conjurations ; et l'impératrice, entre ces deux partis, gouverna par elle-même avec tant de gloire, que la renommée de son règne attira, d'Europe et d'Asie, un peuple nombreux dans ses Etats.

SECONDE LETTRE (1) A MADAME LA COMTESSE D'EGMONT.

MADAME,

Quelques personnes ont élevé des doutes sur la fidélité de cette histoire. Cette espèce de critique est la seule qu'un historien soit dans l'obligation de réfuter ; et je regarde comme un devoir de justifier à vos propres yeux, la protection que vous avez accordée à cet ouvrage.

Permettez-moi, madame, de vous rappeler quelques faits. Au premier bruit que

(1) La première Lettre à madame d'Egmont, sert de préface à cette Histoire. *Voy.* page *iij*.

cette histoire existait, plusieurs personnes, en correspondance avec l'impératrice de Russie, en furent alarmées pour sa gloire. Vous avez sû leurs démarches; et dans l'impossibilité où elles furent de me faire accepter leurs offres, devenues de jour en jour plus considérables, l'une d'elles imagina qu'elle devait employer votre autorité pour m'y résoudre; mais je peux dire en toute assurance, comme l'ami de Gracchus; « si elle me l'eût ordonné, j'eusse obéi. » Qu'est-il résulté de toutes leurs tentatives? La certitude où vous êtes, d'avoir entre les mains la déposition d'un témoin incorruptible.

Cet ouvrage fut composé pour vous seule, madame; aucun de ces grands motifs qui peuvent engager un homme courageux à publier des anecdotes ignorées, ne m'a fait prendre la plume, et moins encore un amour indiscret pour la vérité, ni aucune partialité, ni aucune intrigue. J'aurais pu, sans faiblesse et sans remords, le sacrifier à mon repos, si j'avais eu à craindre que mon repos fût compromis; mais j'ai senti une répugnance invincible à le sacrifier à tout autre intérêt. J'ai envisagé avec horreur la flétrissure attachée encore aujourd'hui au nom de cet écrivain du quinzième siècle, qui a fait payer son silence par les princes de son temps. La séduction ne se découragea pas aisément; elle imagina que la vanité d'auteur était plus forte en moi que l'intérêt, et qu'il fallait me tenter par ces deux passions réunies. Elle me laissa entrevoir la possibilité de publier cet écrit, en altérant quelques faits, ou même en les laissant altérer sans me plaindre. L'indignation dicta ma réponse, et je rompis toute société avec de pareils négociateurs. Tous ces détails sont connus de vous, madame, et de M. le comte d'Égmont. Que peuvent y opposer ceux qui s'efforcent de persuader que cette relation est un roman ? Un homme capable d'inventer ou de falsifier à plaisir les anecdotes contenues dans cette histoire aurait-il eu cette conduite ? et n'a-t-elle pas un autre principe que l'amour d'un faiseur de romans, pour ses inventions ?

Bientôt la lecture de cet ouvrage appaisa les inquiétudes qu'avait causées le premier bruit de son existence. J'ai dû un singulier avantage à l'extrême impartialité de cette relation. Les partisans de l'impératrice de Russie, et ceux qui ne regardent pas cette princesse d'un œil si favorable, ont également trouvé, dans cette lecture, des motifs de se confirmer dans leurs opinions, et j'ai eu pour défenseur auprès d'elle-même, ses partisans les plus déclarés.

Mais, quelles sont les critiques sur lesquelles on a fondé cette inculpation ? Voici une de celles qu'on a le plus répétées : le proverbe « Qu'allions-nous faire dans cette » galère ? » est, disait-on, une plaisanterie purement française, et ne peut avoir été dans la bouche des dames russes. Les auteurs de cette grave observation ont prouvé seulement qu'ils ne connaissent ni la Russie ni les Russes, puisqu'ils ne savent pas que nos comédies sont jouées tous les jours à Pétersbourg, et même dans notre langue.

J'ai rapporté cette plaisanterie, parce qu'elle sert à peindre les caractères et les mœurs : mais il en est une autre que je me suis permise sur les liaisions suspectes du comte Paniatouski ; et, je l'avoue, celle-ci, au premier coup-d'œil, paraît de l'historien, beaucoup plus que de l'histoire ; elle ressent plus l'imitation de Pétrone que celle de Tacite : vous avez vous-même proscrit ce badinage. J'oserai entreprendre de le justifier contre vous-même, en introduisant ce jeune Polonais sur la scène : il fallait, pour annoblir le récit d'une aventure galante, et soutenir l'attention des lecteurs, annoncer qu'nne couronne deviendrait le prix de cette aventure. Mais cette haute élévation, où le comte Paniatouski est en effet parvenu, aurait inspiré de lui la plus haute idée : elle aurait fait attendre pour la suite du récit, un intérêt qui l'aurait eu lui-même pour objet. Un des plus grands avantages du style familier dont je me suis servi, était d'employer, en cette occasion, le badinage et la plaisanterie, pour laisser ce personnage dans sa médiocrité naturelle, en même-temps que j'annonçais toute l'importance de cette narration.

Je pourrais discuter les motifs qui ont engagé un petit nombre de personnes à s'efforcer de rendre cette histoire suspecte ; je montrerais que le plus dangereux de mes critiques, je dis le plus dangereux, parce qu'il était le plus puissant, ne connaissait ni la Russie ni les Russes, ni même cet ouvrage. Je pourrais sur-tout, d'après l'exemple de tous les historiens anciens, soutenir qu'un homme digne de foi, et qui ne craint pas de se nommer, a le droit incontestable d'être regardé comme une autorité sur les événemens qu'il a vus, et dont il a recueilli tous les détails sur les lieux même où ils se sont passés. Mais si l'on veut encore des autorités, je ne serai embarrassé que du nombre.

En effet, parmi les fréquentes lectures que je me suis vu forcé de faire de cette histoire, toutes celles où il s'est trouvé des personnes bien instruites de cet événement, loin de m'attirer la plus légère contradiction, m'ont procuré des autorités nouvelles.

Je ne vous rappellerai point, madame, que

que je l'ai lue en votre présence à M. le duc de Choiseuil, l'homme le mieux instruit de tout ce qui s'est passé en Europe pendant son ministère, et à M. le baron de Breteuil, qui, plus d'une fois, y est personnellement indiqué, à qui le piémontais Odard a tenu l'étrange propos que j'ai rapporté ; en un mot, qui connaît par lui-même toutes les personnes et tous les faits dont j'ai parlé.

Citer sur une révolution le témoignage du roi de Suède, ce sera citer l'autorité d'un maître : il est plus habile en ce genre que tous mes critiques. Mais ce qui est plus essentiel aux preuves que je veux discuter ; le feu roi son père, avait été tuteur de Pierre III, et ensuite lui avait dû le trône; la cour de Suède est la seule qui ait eu la générosité de prendre le deuil pour la mort de ce malheureux empereur. Une liaison de reconnaissance et de politique l'avait rendue très-attentive à cet événement. Ce prince, qui, pendant son séjour à Paris, s'est lié avec vous, madame, d'une amitié qui vous honore également tous deux, m'a dit, en présence de M. le comte de Creutz, encore aujourd'hui son ambassadeur en France, et de M. le comte de Lewenhaup, maréchal-de-camp au service de France, que la relation envoyée au Sénat de Suède était absolument conforme à mon récit. Il m'apprit que le roi, son père, avait lui-même choisi pour instituteurs de Pierre III, les deux hommes vertueux dont j'ai parlé. Il ajouta qu'il n'y avait, au temps de cette éducation, aucune apparence que Pierre dût jamais être appelé en Russie; que la maison de Holstein s'attendait à le voir monter sur le trône de Suède, et que, dans le dessein de lui obtenir plus facilement les suffrages de la nation suèdoise, son éducation avait été dirigée vers les mœurs républicaines. Il a ainsi confirmé, d'une manière incontestable, tout ce que j'ai dit sur l'éducation de cet empereur, et la manière dont j'ai tenté d'expliquer un caractère si bizarre.

L'histoire toute entière ne nous présente qu'un seul caractère du même genre. C'est celui d'Antiochus Epiphane, qui, paraissant quelquefois oublier sa puissance absolue, s'en allait dans les rues et dans les places d'Antioche, solliciter les suffrages du menu peuple, pour être élevé à quelque mince magistrature, et qui ensuite faisait apporter, dans les marchés publics, une chaise curule, d'où il jugeait les querelles de la dernière populace. Il joignait, disent les historiens, la plus fastueuse magnificence à la plus basse popularité : plein de courage, de talens pour la guerre, de connaissances dans les arts, il prostituait sans cesse ses talens, ses connaissances, son rang, sa dignité, tantôt dans les boutiques, dans les forges, dans les ateliers, tantôt dans les jeux les plus avilissans, où il se plaisait à se donner en spectacle au milieu de la pompe la plus extraordinaire. Il prenait, tour à tour les manières et le personnage de tous les états et de tous les caractères; de sorte que, ni les autres, ni lui-même, ne savaient véritablement quel homme c'était.

Il est remarquable qu'on peut expliquer ce caractère étrange, précisément de la même manière dont j'ai expliqué celui de l'empereur Pierre III. Ce despote asiatique étoit Grec d'origine. Il avait, dans sa jeunesse, séjourné quelque temps à Athènes, et plus long-temps encore à Rome, où il était demeuré en otage. N'est-il pas vraisemblable qu'il avait pris, dans ces deux républiques, cette habitude de l'égalité, cette ambition de se distinguer par un mérite personnel ? Les impressions reçues dans sa jeunesse, conservées dans un esprit faible, mais dont la conception était vive et facile, avaient produit ce composé ridicule de raison, de talens et de démence.

Antiochus Epiphane et le Czar Pierre III, avaient reçu, tous deux, une éducation trop forte pour leur génie : ce n'est pas-là communément le malheur auquel les princes sont exposés dans leur enfance. Il me paraît certain qu'on expliquerait ainsi les contradictions apparentes de chaque caractère, si on pouvait découvrir, dans la plupart des hommes, ce qui les a frappés le plus vivement dans leurs premières années.

Je reviens aux nouveaux témoignages dont il m'est facile d'appuyer cette relation. M. le comte de Vielhorski, que nous voyons aujourd'hui, en France, remplir avec tant de zèle et de sagesse le difficile emploi d'envoyé de la confédération de Pologne, était présent, lorsque S. A. R. M. le prince Charles de Saxe, duc de Courlande, a entendu lire cette relation. Ce prince avait un intérêt personnel à être fidèlement instruit de toutes les intrigues de la cour de Russie. Sa couronne en dépendait, comme l'événement l'a prouvé. Il se trouvait à Péterhoff, cette même nuit, où Pierre III surprit Poniatouski près d'entrer chez la grande-duchesse. Il dîna, le même jour, avec les deux époux réconciliés; et il a certifié positivement la vérité de cette anecdote, et de toutes celles qui sont contenues dans la première partie de cette histoire.

J'ai cependant trouvé sur cette anecdote, et je l'avoue avec franchise, une assez grande variété dans un autre récit. Je le tiens d'un homme, qui prétend y avoir joué un rôle important. Cet homme est le comte Branéki, l'ami, le confident, le défenseur du roi de Pologne. Selon lui, le ressentiment du grand-duc ne s'appaisa pas facilement. Après avoir relâché le comte Poniatouski, non-seulement le grand-duc persistait à vouloir le faire chasser de cette cour avec ignominie, mais il voulait faire casser son mariage avec la grande-duchesse, et la faire enfermer dans un couvent. Il l'avait conduite, et la tenait prisonnière dans une petite maison, près d'Oranienbaum. Les sentinelles, placées aux environs, avaient ordre de n'en laisser approcher qu'un certain nombre de courtisans, dévoués au grand-duc. Ce prince, jaloux et irrité, était lui-même dans cette maison, et ne respirait que la vengeance.

Le comte Branéki, à ce que lui-même raconte, entreprit de sauver la grande-duchesse. Une rivalité perpétuelle, pour tous les succès de société, l'avait ouvertement brouillé en Pologne avec le comte Poniatouski. Ils se traitaient avec une extrême froideur, à Pétersbourg. Branéki était venu, à cette cour, à la suite du prince Charles; et c'était un nouveau sujet d'éloignement entre ces deux jeunes Polonais, puisque le prince Charles travaillait à faire rappeler le comte Poniatouski, dont les intrigues inquiétaient la maison de Saxe. Branéki, cependant, n'avait pas cru devoir seconder l'inquiétude de cette maison contre la fortune d'un jeune gentilhomme, son concitoyen et son égal; mais habitué, dès son enfance, à être rival de Poniatouski, il cherchait à se rendre plus agréable que lui à la grande-duchesse. Il espérait en trouver l'occasion, en faisant une cour assidue au grand-duc. Il entretenait ce prince, de siéges, de combats, de plans de bataille. Une seule campagne, que sa jeunesse lui avait permis de faire, le mettait à portée d'en raisonner assez savamment, au gré du grand-duc, qui le menait souvent à sa petite forteresse, lui commandait l'exercice, et le consultait sur tous ses desseins militaires. Branéki, en apprenant ce qui s'était passé à Péterhoff, et les périls où la grande-duchesse demeurait exposée, alla trouver Poniatouski : celui-ci, échappé à cette malheureuse rencontre, et revenu à Pétersbourg, y attendait, dans la consternation, ce qu'on ordonnerait de sa destinée, et ne prenait aucun parti. Branéki lui conseilla de commencer par écrire à la maîtresse du grand-duc ; et cette lettre écrite, dont l'effet devait être de prévenir favorablement l'esprit du grand-duc lui-même, il lui proposa de le conduire vers ce prince, dans le pavillon où la grande-duchesse était gardée. La démarche était audacieuse, et la témérité de Branéki l'emporta sur la timide circonspection de son heureux rival. Les deux jeunes Polonais prennent donc ensemble des chemins détournés. En approchant du pavillon, Poniatouski resta caché dans l'épaisseur des bois. Branéki s'avance seul, résolu, à quelque prix que ce fût, de paraître tout-à-coup sous les yeux du grand-duc, sans lui être annoncé, et déterminé à tuer, s'il le fallait, toute sentinelle qui voudrait s'opposer à son passage. Il fut plus heureux, et parut subitement, comme il le voulait, en présence du grand-duc. Ce prince, étonné, demande, comment êtes-vous arrivé ici? Par des ruses de guerre, lui répond Branéki; et il se met aussitôt à lui raconter les prétendus stratagêmes qu'il avait employés pour tromper les sentinelles. Ses discours et son audace, charmèrent l'esprit du grand-duc; et Branéki, après avoir achevé de s'y insinuer par de pareils propos, saisit le moment de lui représenter combien il serait injuste de perdre la grande-duchesse, pour la folie d'un jeune homme, qui, peut-être, était amoureux d'elle, sans en être aimé : en un mot, il l'amena, au point, de faire appeler le comte Paniatouski, et l'engagea à conduire celui-ci chez la grande-duchesse, pour la prier de pardonner ses folles tentatives de la nuit précédente.

Branéki ajoute, que lui-même eut, peu de temps après, une entrevue avec la grande-duchesse. Il lui dit : « que ce n'était pas » le comte Poniatouski qu'il avait voulu » servir, mais elle seule, et par un senti-» ment bien opposé au dessein de servir » Poniatouski. » Il lui tint, à cette occasion, des propos pleins de galanterie et de passion, qui ne furent ni agréés, ni rejetés ; et il regarde cette aventure comme la source de cette haute fortune où il est parvenu pendant les malheurs de son pays, et qui ne lui laisse plus désormais que le trône à ambitionner.

Ce récit, que je tiens du comte Branéki, en y supposant la plus exacte vérité, ne contrarie point, si on l'examine avec attention, celui que j'ai fait, d'après des témoins oculaires, d'après les confidentes de l'impératrice, d'après le récit du favori, qui, alors, gouvernait l'empire. Pierre n'était pas homme à garder long-temps la même résolution. Il se peut qu'après avoir promis de réparer l'éclat que sa jalousie et sa colère avaient, dans le premier moment, donné à cette aventure, il ait encore éprouvé des retours de colère, et des desirs de vengeance : et quel est le stoïcien, qui, en pareille rencontre, eût été à l'abri de ces alternatives ? L'aveu que la grande-duchesse fait à son mari, dans ma relation, est assurément dans le caractère de cette princesse. La tournure que prend Branéki, en parlant à ce prince, n'est pas la même, et ne devait pas l'être. J'en appellerais volontiers là-dessus à tous ceux que les hasards de la société ont pu faire trouver en pareille conjoncture.

Je ne sais de quel poids sera, auprès de mes lecteurs, le témoignage du piémontais Odard. Je ne dissimulerai même pas que ce piémontais, revenu dans sa patrie, comme il l'avait annoncé, vient, tout récemment, d'être tué d'un coup de tonnerre. Mais, avant sa mort, M. le chevalier d'Arci, de l'académie des sciences, et M. de Trudaine, l'avaient rencontré dans la ville de Nice, qu'il avait choisie pour retraite; et s'il faut parler de lui, d'après ses propres opinions, sa conduite était alors aussi honnête que sa fortune. Tous deux se ressouvinrent de cette histoire, et les récits d'Odard la leur ont confirmée toute entière.

Quelques personnes, il est vrai, qui ont connu la princesse d'Aschekof, dans ses voyages, n'ont pas reconnu en elle la jeune princesse qui les avait intéressée dans mon récit. Je les prie d'observer qu'elle y est peinte à dix-huit ans, et que j'ai moi-même annoncé, avant de finir, le changement que sa disgrace a produit en elle. Elle éprouve déjà, si j'ose m'exprimer ainsi, ce triste désabusement, fruit ordinaire d'une tardive expérience. Elle a perdu, dans un âge si tendre, toutes les illusions de la fortune, de l'amitié et de la gloire. L'humiliation a flétri ce caractère ardent et généreux, qui lui faisait sacrifier sa famille, qui lui donnait de l'enthousiasme et de la crédulité, qui, dans ses premiers mécontentemens de l'impératrice, lui faisait dire hautement : « J'ai cru bien faire, je me suis » trompée. » L'épreuve d'une longue disgrace, et l'affreux sentiment de son esclavage, l'ont rendue chagrine, sans qu'elle ose désormais paraître mécontente. Voilà ce qu'elle est aujourd'hui. Il lui reste ce même emportement qui la conduisait aux casernes, qui la faisait s'habiller en homme, et marcher à la tête des troupes. Je n'ai parlé, nulle part, de sa beauté. Son âge, et elle en avait alors tout l'éclat, lui en tenait lieu dans le temps où je l'ai peinte.

Je pourrais ajouter beaucoup d'autres faits à cette lettre, déjà trop longue; mais rien ne pourra convaincre ceux qui ne sont pas convaincus par tout ce que j'ai dit; et je crois avoir suffisamment justifié, à vos yeux, un ouvrage, qui n'a été conçu que sous vos auspices.

Je suis avec le plus profond respect,

MADAME,

Votre très-humble et très-obéissant serviteur,

RULHIERE.

Paris, ce 25 août 1773.

N. B. Nous avons cru que nos Lecteurs reverraient avec plaisir la pièce de Vers suivante, que M. de Voltaire estimait beaucoup ; il lui fit même l'honneur de l'imprimer dans un Recueil de ses ouvrages, qu'il publia en 1772.

Ce grand homme l'a depuis insérée dans son Dictionnaire Philosophique, au mot *Dispute.*

DISCOURS

DISCOURS EN VERS
SUR
LES DISPUTES;

Par M. DE RULHIERE.

VINGT têtes, vingt avis, nouvel an, nouveau goût,
Autre ville, autre mœurs, tout change, on détruit tout.
Examine pour toi ce que ton voisin pense;
Le plus beau droit de l'homme est cette indépendance.
Mais ne dispute point : les desseins éternels,
Cachés au sein de Dieu, sont trop loin des mortels.
Le peu que nous savons d'une façon certaine,
Frivole comme nous, ne vaut pas tant de peine.
Le monde est plein d'erreurs, mais de-là je conclus
Que prêcher la raison n'est qu'une erreur de plus.

En parcourant au loin la planète où nous sommes,
Que verrons-nous? les torts, et les travers des hommes.

Ici c'est un synode, et là, c'est un divan,
Nous verrons le muphti, le derviche, l'iman,
Le bonze, le lama, le talapoin, le Pope,
Les antiques rabins, et les abbés d'Europe,
Nos moines, nos prélats, nos docteurs agrégés;
Etes-vous disputeurs, mes amis? Voyagez.

Qu'un jeune ambitieux ait ravagé la terre,
Qu'un regard de Vénus ait allumé la guerre,
Qu'à Paris, au Palais, l'honnête citoyen
Plaide pendant vingt ans pour un mur mitoyen;
Qu'au fond d'un diocèse, un vieux prêtre gémisse,
Quand un abbé de cour enlève un bénéfice,
Et que, dans le parterre, un poëte envieux
Ait, en battant des mains, un feu noir dans les yeux,
Tel est le cœur humain: mais l'ardeur insensée
D'asservir ses voisins à sa propre pensée,
Comment la concevoir? pourquoi, par quel moyen
Veux-tu que ton esprit soit la règle du mien?
Je hais sur-tout, je hais tout causeur incommode,
Tout ces demi-savans, gouvernés par la mode,
Ces gens qui, pleins de feu, peut-être pleins d'esprit,
Soutiendront contre vous ce que vous aurez dit.
Un peu musiciens, philosophes, poëtes
Et grands-hommes d'état, formés par les gazettes:
Sachant tout, lisant tout, prompts à parler de tout,

Et qui contrediraient *Voltaire* sur le goût,
Montesquieu sur les lois, de *Broglie* sur la guerre,
Ou la jeune d'*Egmont* sur le talent de plaire.

Voyez-les s'emporter sur les moindres sujets,
Sans cesse répliquant, sans répondre jamais,
« Je ne céderais pas au prix d'une couronne...
» Je sens... Le sentiment ne consulte personne...
» Et le roi serait là... je verrais là le feu...
» Messieurs, la vérité mise une fois en jeu,
» Doit-il nous importer, de plaire, ou de déplaire ?

C'est bien dit ; mais pourquoi cette roideur austère ?
Hélas ! c'est pour juger de quelques nouveaux airs
Ou des deux Poinsinet lequel fait mieux des vers.

Auriez-vous, par hasard, connu feu Mr. d'Aube,
Qu'une ardeur de dispute éveillait avant l'aube (1) ?
Contiez-vous un combat de votre régiment,
Il savait mieux que vous, où, contre qui, comment.
Vous seul en auriez eu toute la renommée,

---

(1) Oui, je l'ai connu ; il était précisément tel que le peint M. de Rulhière, auteur de cette épître. Ce fut sa rage de disputer contre tout venant sur les plus petites choses, qui lui fit ôter l'intendance dont il était revêtu. (Note de l'édition de Kell, pag. 271, vol. 50, édit. in-12.

N'importe, il vous citait ses lettres de l'armée ;
Et, Richelieu présent, il aurait raconté
Ou Gênes défendue, ou Mahon emporté.
D'ailleurs homme de sens, d'esprit et de mérite ;
Mais son meilleur ami redoutait sa visite.
L'un, bientôt rebuté d'une vaine clameur,
Gardait, en l'écoutant, un silence d'humeur.
J'en ai vu, dans le feu d'une dispute aigrie,
Près de l'injurier, le quitter de furie ;
Et, rejetant la porte à son double battant,
Ouvrir à leur colère un champ libre en sortant.
Ses neveux, qu'à sa suite attachait l'espérance,
Avaient vu dérouter toute leur complaisance.
Un voisin asmatique, en l'embrassant un soir,
Lui dit : Mon médecin me défend de vous voir.
Et, parmi cent vertus, cette unique faiblesse,
Dans un triste abandon, réduisit sa vieillesse.
Au sortir d'un sermon, la fièvre le saisit,
Las d'avoir écouté sans avoir contredit.
Et, tout près d'expirer, gardant son caractère,
Il faisait disputer le prêtre et le notaire.

Que la bonté divine, arbitre de son sort,
Lui donne le repos, que nous rendit sa mort !
Si du moins il s'est tu devant ce grand arbitre.

Un jeune bachelier, bientôt docteur en titre,

Doit, suivant une affiche, un tel jour, en tel lieu,
Répondre à tout venant sur l'essence de Dieu.
Venez-y, venez voir, comme sur un théâtre,
Une dispute en règle, un choc opiniâtre,
L'entimême serré, les dilemmes pressans,
Poignards à double lame, et frappant en deux sens,
Et le grand sillogisme en forme régulière;
Et le sophisme vain de sa fausse lumière,
Des moines échauffés, vrai fléau des docteurs,
De pauvres Hibernais, complaisans disputeurs,
Qui, fuyant leur pays pour les saintes promesses,
Viennent vivre à Paris d'argumens et de messes;
Et l'honnête public, qui même écoutant bien,
A la saine raison de n'y comprendre rien.
Voilà donc les leçons qu'on prend dans vos écoles!
Mais tous les argumens sont-ils faux, ou frivoles?
Socrate disputait jusques dans les festins,
Et tout nud quelquefois argumentait aux bains.
Etait-ce dans un sage une folle manie?
La contrariété fait sortir le génie.
La veine d'un caillou recèle un feu qui dort,
Image de ces gens, froids au premier abord,
Et qui, dans la dispute, à chaque répartie
Sont pleins d'une chaleur, qu'on n'avait point sentie.

C'est un bien, j'y consens. Quant au mal, le voici:

Plus on a disputé, moins on s'est éclairci.
On ne redresse point l'esprit faux, ni l'œil louche,
Ce mot *j'ai tort*, ce mot nous déchire la bouche.
Nos cris, et nos efforts ne frappent que le vent,
Chacun dans son avis demeure comme avant.
C'est mêler seulement aux opinions vaines
Le tumulte insensé des passions humaines.
Le vrai peut quelquefois n'être point de saison ;
Et c'est un très-grand tort que d'avoir trop raison.

Autrefois la justice, et la vérité nues,
Chez les premiers humains, furent long-temps connues ;
Elles régnaient en sœurs : mais on sait que depuis,
L'une a fui dans le ciel, et l'autre dans un puits,
La vaine opinion règne sur tous les âges,
Son temple est, dans les airs, porté sur les nuages.
Une foule de dieux, de démons, de lutins
Sont au pied de son trône ; et tenant dans leurs mains
Mille riens enfantés par un pouvoir magique,
Nous les montrent de loin sous des verres d'optique.
Autour d'eux, nos vertus, nos biens, nos maux divers
En boules de savon, sont épars dans les airs ;
Et le souffle des vents y promène sans cesse,
De climats en climats, le temple et la déesse.
Elle fuit et revient. Elle place un mortel
Hier sur un bûcher, demain sur un autel.

Le jeune Antinoüs eut autrefois des prêtres;
Nous rions maintenant des mœurs de nos ancêtres ;
Et qui rit de nos mœurs ne fait que prévenir
Ce qu'en doivent penser les siècles à venir.
Une beauté frappante, et dont l'éclat étonne,
Les français la peindront, sous les traits de *Brionne*,
Sans croire qu'autrefois un petit front serré,
Un front à cheveux d'or fut toujours adoré.
Ainsi l'opinion, changeante, et vagabonde,
Soumet la beauté même, autre reine du monde.
Ainsi dans l'univers, ses magiques effets,
Des grands événemens, sont les ressorts secrets.
Comment donc espérer qu'un jour aux pieds d'un sage
Nous la voyons tomber du haut de son nuage,
Et que la vérité se montrant aussitôt
Vienne au bord de son puits voir ce qu'on fait en haut ?

Il est pour les savans, et pour les sages même,
Une autre illusion : cet esprit de systême,
Qui bâtit en rêvant des mondes enchantés,
Et fonde mille erreurs sur quelques vérités.
C'est par lui qu'égarés après de vaines ombres,
L'inventeur du calcul chercha Dieu dans les nombres;
L'auteur du *mécanisme* attacha follement
La liberté de l'homme aux lois du mouvement;
L'un du soleil éteint veut composer la terre,

» La terre, dit un autre, est un globe de verre (1). »
De-là ces différents, soutenus à grands cris;
Et sur un tas poudreux d'inutiles écrits,
La dispute s'assied dans l'asile du sage,

La contrariété tient souvent au langage
On peut s'entendre moins, formant un même son,
Que si l'un parlait basque, et l'autre bas-breton.
C'est là, qui le croirait? un fléau redoutable;
Et la pâle famine, et la peste effroyable
N'égalent point les maux, et les troubles divers
que les mal-entendus sement dans l'univers.

Peindrai-je des dévots les discordes funestes,
Les saints emportemens de ces ames célestes,
Le fanatisme, au meurtre excitant les humains,
Des poisons, des poignards, des flambeaux dans les mains!
Nos villages déserts, nos villes embrâsées,
Sous nos foyers détruits nos mères écrasées,
Dans nos temples sanglans abandonnés du ciel,
Les ministres rivaux, égorgés sur l'autel,
Tous les crimes unis, meurtre, inceste, pillage,
Les fureurs du plaisir se mêlant au carnage,
Sur des corps expirans, d'infames ravisseurs,

(1) C'est une des idées de *Buffon*.

Dans

Dans leurs embrassemens, reconnaissant leurs sœurs ;
L'étranger dévorant le sein de ma patrie,
Et sous la piété déguisant sa furie,
Les pères conduisant leurs enfans aux bourreaux,
Et les vaincus toujours traînés aux échafauds ?...
Dieu puissant ! permettez que ces temps déplorables
Un jour par nos neveux soient mis au rang des fables.

Mais je vois s'avancer un fâcheux disputeur,
Son air d'humilité couvre mal sa hauteur ;
Et son austérité, pleine de l'Evangile,
Paraît offrir à Dieu le venin qu'il distile.
« Monsieur, tout ceci cache un dangereux poison !
» Personne, selon vous, n'a ni tort, ni raison
» Et sur la vérité n'ayant point de mesure,
» Il faut suivre pour loi l'instinct de la nature ! »

Monsieur, je n'ai pas dit un mot de tout cela...
« Eh ! quoique vous ayez déguisé ce sens-là,
» En vous interprétant, la chose devient claire. »

Mais en termes précis j'ai dit tout le contraire.
Cherchons la vérité ; mais d'un commun accord :
Qui discute a raison, et qui dispute a tort.
Voilà ce que j'ai dit ; et d'ailleurs qu'à la guerre,
A la ville, à la cour, souvent il faut se taire....
« Mon cher monsieur, ceci cache toujours deux sens !
» Je distingue... « Monsieur, distinguez, j'y consens,

J'ai dit mon sentiment, je vous laisse les vôtres,
En demandant pour moi ce que j'accorde aux autres...
» Mon fils, nous vous avons défendu de penser ;
» Et pour vous convertir je cours vous dénoncer. «

Heureux ! ô trop heureux qui, loin des fanatiques,
Des causeurs importuns, et des jaloux critiques,
En paix sur l'Hélicon pourrait cueillir des fleurs !
Tels on voit, dans les champs, de sages laboureurs,
D'une ruche irritée évitant les blessures,
En dérober le miel à l'abri des piqûres.

FIN.

CATALOGUE

DES LIVRES

Qui se trouvent chez le même Libraire.

LETTRES sur l'Italie, par Dupaty, 1 vol. in-8o. 5 liv.

Lettres à Emilie, sur la Mythologie, 5 part. in-8o. fig. 10 l.

Les Ruines, ou Révolutions des Empires, par Volney, 1 vol. in-8o. avec fig. 5 l.

Voyages de deux Français au Nord de l'Europe, en 1771 et 1772, 5 vol. in-8o. 15 l.

L'Afrique et le peuple Africain, 1 vol. in-8°. 3 l.

Eclaircissemens Historiques sur la Révocation de l'Edit de Nantes, par Rulhière, 2 vol. in-8o. 4 l.

Essai sur l'état actuel de la France, 1 vol. in-8o. 4 l.

Tableau des Prisons de Lyon, 1 vol. in-8°. 4 l. 10 s.

Idem. in-12. 3 l.

Opérations des Changes, par Ruelle, 1 vol. in-8o. 6 l.

Traité de l'Arbitrage, par le même, 1 vol. in-8o. 7 l.

Œuvres du Chevalier de Bonnard, 2 part. in-18. 2 l.

Vie de Voltaire, par Condorcet, 1 vol. in-8°. 3 l.

Mémoire, sur le Mariage des Protestans en France, par Malsherbes, 1 vol in-8°. 2 l.

Tom-Jones, 4 vol in-8°. 12 l.

La Balance Naturelle du Commerce, 2 vol. in 8°. 10 l.

La Feuille Villageoise, 4 vol. in-8o. 8 l.

Œuvres de Cérutti, 3 vol in-8o. 12 l.

Mémoires de Sully, 8 vol. in-12. rel. 24 l.

Elémens de l'Histoire ancienne, moderne, de France et d'Angleterre, par Millot, 10 vol. in-8o. rel. 18. l.

Les Deux Cousins, 1 vol. in-8o. 1 l. 16 s.

Voyages en Sicile et à Malte, 2 v. in 8o. 8 l.

Les Mois, poëme en 12 chants, par Roucher, 2 vol. in-4o. 18 l.

La Bastille Dévoilée, 9 part. in 8°. 15 l.

Finances, Crédit National, Intérêt Politique et de Commerce, 3 l.

Forces Militaires de la France, 1 vol. in 8o. 3 l.

Vie de Frédéric II, Roi de Prusse, 4 vol. in-8o. 12 l.

Lettres sur le même, 3 vol. in-8°. 7 l. 4 s.

Observations sur l'Histoire de France, de l'abbé de Mably, par l'abbé Brizard, nouvelle édition, 6 vol. in-12. br. 15 l.

Essai sur la Secte des Illuminés, par Luchet, seconde édit. 1 vol. in 8o. 3 l.

De l'Esprit Militaire, nouvelle édit. 1 vol in-8°. 2 l.

Mémoire sur l'Education des Bêtes à laine, et les moyens d'en améliorer l'espèce; par Ad. Duquesnoi, 1 vol in-18. 2 l.

Réflexions sur la formation et la distribution des Richesses, par Turgot, 1 vol. in-8o. 2 l.

Recherches sur la méthode la plus propre à guérir les Maladies Vénériennes, par Boyveau, doct. en médecine, 1 vol. in 8°. 2 l.

Accord des vrais Principes de l'Eglise, de la Morale et de la Raison, sur la Constitution civile du Clergé de France, par les Evêques des Départemens, membres de l'Assemblée Nationale constituante, 3me. édit. un vol. in-8o. 2 l.

Mes promenades Champêtres, ou Poësies Partorales, par Leclerc, 1 vol. in-8°. 2 l.

Discours de Morale, sur l'Honneur, l'Opinion, les Devoirs, les Passions, le Bonheur et les Plaisirs, etc. 1 vol. in-8o. 3 l.

Mémoires Secrets de Robert, Comte de Paradès, écrits par lui au sortir de la Bastille, pour servir à l'histoire de la dernière guerre, 1 vol. in-8°. 2 l.

Le Temple de Bélus, Histoire Babylonienne, trad. du Grec, pet. vol. in-8°. 1 l. 4 s.

L'ami d'Erato, par M. de Lam**. 1 vol. petit in-12. 1 l.

Œuvres du Marquis de Villette, 1 vol. in-8°. pap. vélin. 6 l.

Tarare, opéra en 5 actes, avec un prologue, broch. in-8°. 1 l. 16 s.

Les Deux Négocians de Lyon, drame en 5 actes, en prose, par Beaumarchais, broch. in-8°. 1 l. 10 s.

Correspondance Philosophique de Caillot Duval, rédigée d'après les pièces originales, et publiée par une société de littérateurs Lorrains, 1 vol. in-8°. 2 l. 10 s.

Mon agonie de 36 heures, aux 2 et 3 septembre, par Jourgniac Saint-Méard, broch. in 8°. 1 l. 4 s.

Le Vieux Cordelier, journal rédigé par Camille Desmoulins, 7 Nos. formant un vol. in-8o. 4 l.

Livres Nouveaux.

Le tombeau de Jacques Molai, et les Initiés, faisant suite, 2 petites broch. in-8o. 16 s.

L'anti-Novateur, ou les Lectures de M. Jérôme, broch. in 8o. 15 s.

Quarante Lettres, ou Histoire d'une passion, broch. in-8o. 1 l. 10 s.

Lettres de Phalaris, tyran d'Agrigente, pet. vol. in-8o. 1 l. 4 s.

Les Vosges, poëme, par N. François (de Neufchâteau), 2me. édit. revue et augmentée, broch. in-8o. imprimée avec soin et sur beau papier 1 l.

Essais sur l'Etat actuel de la France, 1er. Mai 1796, par R. F. A. Fonvielle, 1 vol. in-8°. 4 l.

www.ingramcontent.com/pod-product-compliance
Ingram Content Group UK Ltd.
Pitfield, Milton Keynes, MK11 3LW, UK
UKHW020549180726
13838UKWH00001B/124

9 782329 318547